KB265666

__________님께

사랑합니다.
감사합니다.

__________ 드립니다.

아름다운 인생,
행복한 투자

아름다운 인생, 행복한 투자
SuperExcellent Investment
슈퍼엑설런트한 삶을 추구하는

1판 1쇄 | 2012년 3월 5일
1판 3쇄 | 2016년 1월 20일

지은이 | 이만섭
펴낸이 | 김경배
펴낸곳 | 시간여행
디자인 | 디자인홍시
등　록 | 제313-210-125호 (2010년 4월 28일)
주　소 | 서울시 마포구 서교동 394-66 동우빌딩 3층
전　화 | 070-4032-3664
이메일 | jisubala@hanmail.net

종　이 | 화인페이퍼
인　쇄 | 천광인쇄

ISBN 978-89-967828-2-7 13320

이 도서의 국립중앙도서관 출판시도서목록(CIP)은 e-CIP홈페이지(http://www.nl.go.kr/ecip)와
국가자료공동목록시스템(http://www.nl.go.kr/kolisnet)에서 이용하실 수 있습니다.
(CIP제어번호: CIP2012000775)

슈퍼엑셀런트한 삶을 추구하는

아름다운 인사닝 행복한 투자

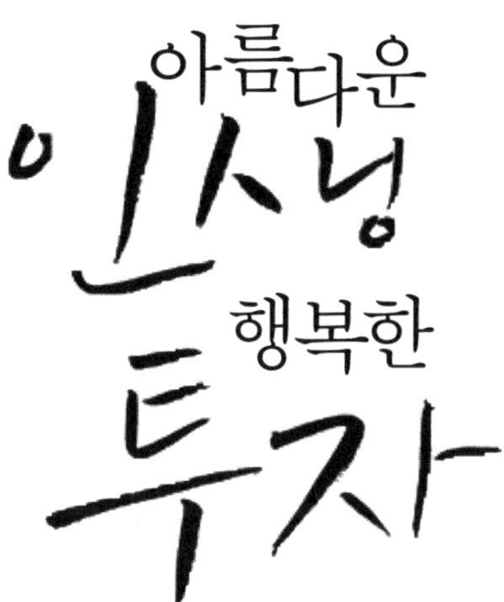

시간여행

저자는 SK증권에서 영업실적이 좋기로 열 손가락 안에 드는 인물이다. 2000년 우리 회사와 인연을 맺은 이후 13년째 근무하고 있다. '내 인생에 이력서는 더 이상 쓰지 않겠다. 내가 몸담고 있는 조직이 최고가 되도록 노력하겠다.'는 입사 초기의 다짐을 지키며 'SK증권'이라는 이름으로 한자리에서 우직하게 고객을 만나고 있다. 그동안 그의 두 살배기 딸은 중학생으로 성장했고, 저자는 지점장이 되었다.

또한 저자는 10년 넘게 금융투자를 강의하고 있는 금융교육가이기도 하다.

금융회사의 영업 업무는 매일 또는 매주 단위로 실적이 평가되다 보니 직원을 조급하게 만드는 경우가 많다. 그럼에도 불구하고 저자는 그동안 쌓아온 지식과 경험을 타인과 공유하며 장기적인 관점에서 성공투자를 안내하는 데 열심이다. 이러한 그의 모습은 자칫 단기적이고 협소한 시각에 매몰되기 쉬운 금융 종사자에게 좋은 귀감이 되고 있다.

『아름다운 인생, 행복한 투자』는 저자 스스로가 투자의 부침(浮沈)을 겪으며 느끼고 체화한 올바른 투자 방법에 대한 안내서이자 한 인간으로서 인생을 보다 풍요롭고 아름답게 만들기 위한 노력의 흔적을 담고 있는 비망록이다. 저자 스스로가 바닥을 딛고 일어서면서 얻은 투자 교훈과 인생의 역경을 어떻게 대처할 것인지에 대한 고민들이 고스란히 이 책에 담겨져 있다.

이 책에서 특히 내 눈길을 끄는 것은 '3분의 1법칙'에 관한 대목이다. 보통 산을 오를 때 보면 선두에 선 3분의 1의 사람은 중간 중간 적당한 휴식을 취하면서 산이 주는 아름다움을 만끽하는데 반해, 후미에 있는 3분의 1의 사람은 제대로 쉬지도 못하고 허겁지겁 일행을 따라가기에 바쁘다. 이들 모두 결국 정상에 다다르는 것은 똑같지만 등산의 즐거움을 느끼는 정도에서는 현격한 차이가 있다. 기왕에 오를 산이라면 처음부터 '선두에 서자'는 마음을 가질 필요성이 있다.

동감하는 바가 크다. 인생을 마주하는 우리의 태도가 산을 오를 때의 그것과 크게 다르지 않기 때문이다. 다들 행복한 삶을 꿈꾸고 열심히 살고 있다고 말은 하지만 일상에서 이를 실천에 옮기는 마음의 태도가 긍정적이고 주도적이지 못한 경우가 많다.

그렇다면 인생을 오르는 과정을 재미나고 아름답게 만들기 위해서는 어떻게 해야 할까? 다른 무엇보다도 고난과 역경에 대처하는 긍정적인 마음이 중요하다고 생각한다.

인생은 'Up and Down'의 연속이다. 좋은 날과 힘겨운 날은 앞서거니 뒤서거니 우리를 반복해서 찾아오기 마련이다. 이 반복 속에서 고단한 현실은 언제라도 행복한 미래로 바뀔 수 있기에 마음에서 결코 희망을 내려놓아서는 안 된다. 오히려 오늘의 난관을 내일의 성공을 위한 '위장된 축복'이라 여기며 시련의 아픔을 성장의 기회로 삼으려는 마음가짐이 바람직하다. 역경에 대한 반발력, '회복탄력성'을 우리 내면에 키워 인생의 위기를 발판 삼아 더 높은 곳으로 도약할 수 있어야 하는 것이다.

저자 역시 한때는 투자손실로 막대한 빚을 지었고 갓 태어난 둘째 아이를 보면서 막막함에 눈물을 흘렸다고 한다. 오죽 힘들었으랴. 하지만 저자는 현명하게 역경을 극복하고 힘차게 다시 도약했다. 그리고 이제 자신의 이야기를 독자 여러분과 담담하게 공유하려고 한다. 이 책과의 만남을 통하여 앞으로 독자 여러분의 인생과 투자가 보다 아름답고 행복해지기를 간절히 기원해 본다.

2012년 2월
SK증권주식회사 대표이사 이현승

금융시장이 불안하거나 주식시장이 급락하면 예전에는 주식투자를 하는 사람만 고통을 받았다. 주식투자를 하지 않는 사람은 나와는 상관없는 남의 일이었다. 그러나 지금은 경제활동을 하는 사람이면 누구나 한두 개 이상의 펀드에 가입하고 주식투자나 변액보험, 퇴직연금 등 주식시장과 밀접한 관계를 맺으며 살아가고 있다. 온 국민이 조마조마한 심정으로 주식시장을 보고 매일매일 내가 보유한 주식의 가격과 펀드의 평가액을 확인한다.

학교를 졸업하고 취직해서 사회생활을 시작하는 나이는 보통 이십대 후반이다.

결혼해서 가정을 꾸리고 첫아이를 낳으면 30대 초반이 된다. 그리고 직장생활을 할 수 있는 나이는 공기업은 60세 정도이고, 민간기업은 50대 초·중반 정도이다. 30년 일을 하고 돈을 벌어서 가정을 꾸리고 자녀를 키운다. 그리고 은퇴를 한다.

문제는 은퇴 이후에도 30년 정도를 더 살아야 하는데 사회생활을 하면서 자녀를 키우고 교육시키느라 거의 모든 사람들이 제대로 노후준비를 하지 못한다.

40대가 되면 마음이 조급해진다. 그동안 어렵게 모은 종잣돈으로 불안한 노후를 대비하기 위해서 부랴부랴 투자에 나선다. 이렇게 입문한 투자의 세계는 생각만큼 만만하지가 않다.

아니, 오히려 오랫동안 먹을 것, 입을 것, 아끼고 아껴 어렵게 모은 소중한 돈이 어? 어? 몇 번 하는 사이에 반 토막이 된다. 불안하고 조급한 마음에 더욱 잘 하려고 열심히 공부하고 용감하게 달려들지만 어찌된 일인지 달려들면 달려들수록 투자의 세계는 손에 잡힐 듯, 잡힐 듯하다 결국에는 놓쳐 버린다.

예전에는 깡통을 차고 주식시장을 떠나면 몇 년 후에 다시 돌아왔다. 하지만 요즘은 한번 깡통을 차고 나가면 돌아오지 못한다. 점점 더 일반 서민이 돈을 벌기가 힘들어지고 나이가 먹을수록 돈을 모으기가 어려워졌다. 빚 안 지고 살면 그나마 다행이다.

이제 더 이상 투자에 실패할 여유나 기회가 없다. 한번 실패하면 회복하기가 어렵다.

　사람들은 모두 현명하다.

　가전제품을 사거나 자동차를 살 때면 며칠을 고민하고 인터넷을 뒤져 제품 사양과 사용자 후기를 꼼꼼하게 챙겨본다. 그리고 제품을 사용한 주변 사람들의 조언을 듣고 나서야 구매를 한다. 몇십 만 원을 절약하기 위해서, 합리적인 소비를 하기 위해서 많은 시간과 노력을 아끼지 않는다. 그런데 어찌된 일인지 수천만 원, 수억 원을 주식이나 펀드에 투자하는 사람은 아무것도 모르고 남의 말만 듣고 별 생각 없이 불과 몇 분 만에 덜컥 투자를 결정한다.

　주식시장에만 들어오면 성실한 직장인도 작은 수익이 나면 욕심을 키우고, 손실을 보면 조급해져서 점점 이상한 사람으로 변해간다. 아무것도 모르는 상태에서 귀동냥으로 쉽게 대박을 내고 큰 돈을 벌려고 한다.

　투자는 그 어떤 일보다 어렵고 힘들다.

내가 한없이 부족하고 전혀 준비가 되어 있지 않다는 사실을 알고 열심히 공부해서 이제 조금 알 것 같다 싶으면 안타깝게도 실탄이 떨어진다. 나중에 행복하기 위해 오늘 투자를 하면서 속이 새카맣게 탄다. 매일매일 가슴 졸이며 주식시장과 주가를 체크하느라 일이 손에 잡히지 않는다.

이렇게 노심초사한 마음으로 하는 투자가 잘되기란 어렵다. 십중팔구는 실패로 끝난다. 설령 운 좋게 투자에 성공한다 해도 나중의 행복을 위해 지금 너무도 큰 대가를 치른다. 어렵게 돈은 벌지 몰라도 건강을 해치거나 직장이나 사업에 큰 지장을 초래한다. 돈은 벌었지만 건강을 잃고 직장을 잃는다면 무슨 소용이 있겠는가?

이제 더 이상 투자로 고통받는 사람이 없었으면 좋겠다. 지금부터라도 제대로 된 투자 마음 편한 투자로 직장생활이나 사업에 지장을 초래하지 않고, 실패하지 않는 투자로 노후를 준비했으면 한다. 무엇보다 투자 자체를 행복하게 즐기면서 성공적인 투자자가 될 수 있었으면 좋겠다.

많은 사람들이 돈을 많이 벌어 부자가 되고 싶어 한다. 하지만 부자가 되기 위해서는 먼저 내 그릇을 크게 만들어야 한다는 사실은 알지 못하고 무조건 돈만 벌려고 달려든다.

내 그릇을 크게 만들지 못하면 운이 좋아 잠깐 내 손안에 돈은 들어올 수는 있으나 오래 머물지 않고 다시 빠져나가는 것이 세상의 이치다. 작은 그릇에는 많은 물을 담을 수 없다.

투자의 세계에서 부도 마찬가지다. 먼저 내 그릇을 크게 만드는 것이 중요하다.

이 책은 딱딱하고 어려운 투자서가 아니다. 마시멜로처럼 말랑말랑하고 부드러운 투자 이야기다. 이 책이 삭막한 투자의 세계에서 지친 사람들에게 작은 위로와 여유를 찾는 계기가 되었으면 한다. 많은 사람들이 행복한 투자와 아름다운 삶을 살아 우리 사회가 좀 더 밝고, 따뜻하고, 행복해지는 데 기여할 수 있었으면 좋겠다.

이 책이 나오기까지 많은 관심과 도움을 주신 변은숙 님, 오성환

님, 유판식토마스 대부님, 이기웅 햇님쉼터한의원 원장님, 이명섭 님, 임남혁 님과 많은 관심과 성원을 보내주신 리스톡 회원님들께 깊이 감사드린다. 책을 쓰는 동안 격려해주시고 흔쾌히 추천사를 써주신 SK증권 이현승 사장님께 머리 숙여 깊이 감사드린다.

2012년 봄이 오는 길목에서
이만섭

| 차례 |

제2부
나는 투자를 즐긴다

제3부
나는 날마다 Super Excellent를 추구한다

살아가면서 나에게 언제, 어떤 기회가 올지는 아무도 모른다.

행복찾기
나는 1부
행복하기
위해
투자한다

1장

돈 앞에
지혜로운 사람

투자의 떡잎

"될 성 싶은 나무는 떡잎부터 알아본다."는 속담이 있다.

증권회사에서 10년 넘게 근무하다 보니 이제는 투자를 처음 시작하는 사람들을 만나면 '이 사람은 주식투자를 해서 성공을 하겠구나! 혹은, 이 사람은 주식투자를 해도 실패를 하겠구나!' 하고 어느 정도 감이 온다. 그 결과를 보면 나의 예감은 상당히 맞는 편이다.

주식 투자를 처음 시작하는 사람 중에는, 투자할 회사나 펀드를 미리 정하고 오는 사람이 있는가 하면 돈은 들고 왔는데 어떤 회사, 어떤 펀드에 투자를 할 것인지 결정하지 못하고 오는 사람도 있다.

주위에서 주식이나 펀드로 많은 돈을 벌었다고 하면 '괜히 나만 멍청하게 은행에 예금만 하는 것은 아닌가? 남들 다 대박 나는데 나만 소외되는 게 아닌가?'라는 생각으로 투자에 처음 발을 들여 놓는 사람이 아직도 많다. 이런 경우 대개 어느 회사의 주식을 살 것인지, 어느 펀드에 가입할 것인지 주변 지인에게 미리 조언을 듣고 온다.

"○○ 주식 사 주세요!"

"○○ 펀드 가입해 주세요!"

안타깝지만 이들은 거의 투자에 실패하고 쪽박 차고 나간다.

정말 절친한 친구, 믿을 만한 지인, 투자경험이 풍부한 고수에게 조언을 들었으니 나도 성공하겠지 라고 생각하지만 이 사람들은 수익은커녕 큰 손실을 본다.

주변 사람들이 주식이나 펀드로 상당한 수익을 거두었다는 것은 이미 시장이 상당히 오른 때인데도 가장 안전하다 생각하고 용기를 내서 뛰어든다. 더 큰 문제는 이들이 주식시장이나 투자에 거의 문외한인 경우가 대부분이라는 것이다.

주변 사람들의 권유나 자극으로 왔거나, 본인이 스스로 투자를 시작하겠다고 왔거나, 위의 경우와 달리 미리 투자할 회사나 펀드를 정하지 않은 경우에는 거의 모든 사람이 증권회사 직원에게 조언을 구한다. 그리고 그들이 추천하는 주식이나 펀드에 그날 바로 투자를 한다.

1천만 원을 가지고 왔든, 5천만 원을 가지고 왔든, 1억 원을 가지고 왔든, 가지고 온 돈을 그날 모두 투자를 하고 싶어 한다. 어떻게

이 분들이 지난 수십 년 동안 투자를 하지 않고 살 수 있었는지 신기할 정도다. 그러나 안타깝게도 이 분들도 거의 투자에 실패한다.

그렇다면 어떤 사람들이 투자에 성공할까?

"제가 이번에 투자를 하려고 하는데 그동안 몇 달 공부를 하고 살펴보니 ○○ 회사 주식을 사면 좋을 것 같은데 어떤가요?"

"○○ 펀드에 가입하려고 하는데 어떤가요?"

이들은 본인이 미리 생각한 회사나 펀드에 대해 물어보고 증권회사 직원에게 충분한 설명을 듣는다.

"그렇군요! 제가 돌아가서 좀 더 생각해보고 다시 오겠습니다."

그리고 며칠 후에 투자결정을 내리고 실행하는 사람들은 상대적으로 투자성공률이 높다.

어떤 주식이나 펀드를 미리 정하지는 않았지만 증권회사 직원의 조언을 듣고 바로 그날 투자를 하는 것이 아니라 일정기간 동안 본인이 그 조언에 대해 조사를 하고 공부를 해서 확신이 들 때, 투자를 하는 경우 역시 성공률이 높았다.

요즘은 좀 뜸하지만 얼마 전까지만 해도 기획부동산이 활개를 칠 때면 자주 전화를 받곤 했다.

"사장님! 이번에 ○○지역에 아주 좋은 땅이 나왔는데 투자하시면 1년 후에 몇 배 오릅니다."

우리는 이런 전화를 많이 받지만 실제 투자는 하지 않는다. '사기 전화네' 하고 전화를 끊어버린다. 그런데 아직도 주식과 펀드시장에 대해 아무것도 모르면서 증권회사 직원이나 은행 직원, 주변의 지인이 괜찮다고 말하면 덜컥 사고 보는 사람들이 있다.

운 좋게 수익이 나면 내가 투자를 잘 한 것이고, 손실이 나면 그때는 나에게 엉터리 정보, 잘못된 조언을 해 준 사람을 원망한다. 설령 처음에 한두 번 운 좋게 투자에 성공하더라도 나중에는 반드시 더 큰 손실을 볼 가능성이 매우 높다.

아무것도 모르는 사람이 지속적으로 투자에 성공한다면 이거야말로 뉴스에 나올 일이다. 그런 사람들이 투자로 쫄딱 망하고 깡통 차는 것은 안타깝지만 지극히 정상적인 일이다.

지금 투자를 하고 있다면 처음에 어떻게 투자를 시작했는지 한번 생각해 보자.

지금의 나는 어떻게 투자를 하고 있는지 다시 한번 점검해 보자!

아직까지 투자를 시작하지 않았다면 다른 사람의 말을 들었을 때 내가 충분히 수긍하고 믿을 수 있을 때까지 공부하면서 최대한 깊이 파보자. 피 같이 소중한 돈이 아닌가?

기획부동산에서 하는 말을 듣고 행여나 솔깃했다면 적어도 그 현장에 직접 가서 보고 개발계획이나 등기부등본 정도는 떼어보아야 하지 않겠나? 아직도 전화 한 통, 말 한마디에 투자가 좌지우지되고, 아무것도 모른 채 다른 사람에게 의존해서 투자한다면 나는 아직 ‘투자 무면허’인 것이다. 돈을 버는 것보다 제대로 된 투자면허를 따는 것이 올바른 순서이다.

무면허로 운전을 하다가 사고를 내면 바로 대형 사고가 된다.

부자가 되는 비결

빌 게이츠는 어떻게 세계에서 가장 큰 부자가 되었을까?

각 가정에는 컴퓨터가 한 대씩은 있다. 회사에도 컴퓨터가 있다. 전 세계의 수많은 가정과 회사에 컴퓨터가 있다. 컴퓨터를 사용하는 사람은 모두 빌 게이츠가 부자가 되는 데 일조를 한 사람들이다. 전 세계의 컴퓨터를 사용하는 사람들에게 빌 게이츠는 마이크로소프트사의 소프트웨어 프로그램을 팔아서 세계 제일의 부자가 되었다.

빌 게이츠와 자웅을 겨룰 만한 부자는 워렌 버핏이다. 주식시장의 전설과도 같은 워렌 버핏은 어떻게 세계 최고의 부자가 될 수 있었을까?

그는 평생에 걸친 주식투자로 엄청난 부를 이루었다. 무슨 주식에 어떻게 투자해서 큰돈을 벌 수 있었을까?

전 세계인이 즐겨 마시는 코카콜라는 음료시장 부동의 1위 업체이다. 워렌 버핏은 '코카콜라' 회사의 대주주이다. 그는 살아오는 동안 가장 좋은 건강식은 코카콜라였다고 말하며 평소에도 하루에 콜라 5병을 마셔 왔다고 '콜라예찬'을 하면서 콜라를 홍보한다. 우리가 콜라를 마실 때마다 워렌 버핏의 지갑은 두꺼워진다.

빌 게이츠와 워렌 버핏은 전 세계인을 상대로 제품을 팔아 부자가 되었다.

대한민국 최고의 부자인 삼성그룹의 이건희 회장은 전 세계인을 대상으로 휴대폰과 TV, 반도체 등을 팔아서 돈을 벌고 있다. 삼성전자 TV는 1초에 두 대씩 팔리며 세계시장 점유율 50%를 넘었다. 휴대폰은 전 세계에서 하루에 백만 대씩 팔린다.

현대자동차와 기아자동차의 정몽구 회장은 우리 나라에서만 차를 파는 것이 아니라 미국, 유럽, 아시아, 남미, 아프리카를 누비고 다니면서 차를 판다.

SK그룹의 최태원 회장은 전국에 있는 SK주유소와 SK텔레콤 대리점과 휴대전화를 사용하는 수많은 사람을 보면 얼마나 행복할까?

일반인이 전 세계인을 대상으로 사업을 벌여 큰돈을 벌기란 결코 쉬운 일이 아니다. 그렇다고 포기할 일도 아니다. 우리는 그들이 경영하는 회사의 주식을 사면 투자한 만큼 그 회사의 지분을 갖게 되고 그 회사가 벌어들이는 돈에서 내 지분만큼의 수익을 얻을 수 있다.

평범한 일반인이 자동차 산업의 전망이 좋다고 해서 자동차 회사를 세우거나, 대체에너지 사업이 유망하다고 해서 대체에너지 개발 사업을 직접 하기란 거의 불가능하다.

우선 천문학적인 돈이 필요하고 설령 돈이 있다고 해도 엄청난 인력과 기존 업체와의 기술력 차이를 극복하고 경쟁력을 갖춘다는 것은 불가능하다. 삼성그룹도 자동차 사업에 뒤늦게 진출했다가 엄청난 금전적 손실을 보고 손을 떼는 것을 우리는 보았다.

향후에 전망이 밝은 미래 성장산업인 바이오산업, 로봇산업, 대체에너지산업, 게임산업은 선뜻 개인이 나서서 하기 힘든 엄청난 규모의 산업이다. 그렇다면 개인은 앞으로도 큰 부자들이 돈 버는 것을 구경하거나 예전처럼 그들이 큰 부자가 되는 데 일조하는 길밖에는 없는 것일까?

우리가 이 사업을 직접 할 수는 없지만 향후 사업 전망이 밝은 업종에서 잘 나가는 회사의 주식에 투자하면 이 사업을 직접 하는 것과 마찬가지 효과를 누릴 수 있다. 투자한 회사가 잘 경영이 되고 성장하면 회사에 투자한 사람 역시 회사의 성공과 더불어 그 과실을 공유할 수 있다.

어느 회사의 주식을 산다는 것은 그 회사의 일정 지분에 투자를 해서 동업을 하는 것이다. 투자한 회사가 잘되면 나도 부자가 되는 것이고, 그 회사가 잘못되면 나 역시 손해를 보는 것이다. 그러나 아직도 '주식투자'라고 하면 도박이나 투기의 범주로 여기고 주식투자하는 사람을 마치 불로소득을 기대하는 불성실한 사람으로 보는 사람들이 있다.

우리 나라 최고의 부자들은 대부분 재벌이라 불리는 대기업 총수나 그 일가이다.

삼성그룹, 현대차그룹, SK그룹, LG그룹, 롯데그룹, GS그룹 등 대기업 총수나 그 집안 가족들은 엄청난 부를 소유하고 있고, 오늘도 엄청난 돈을 우리 나라와 전 세계에서 열심히 벌어들이고 있다. 그들의 엄청난 재산은 은행예금도, 부동산도 아니다. 바로 그들이 소유한 회사의 주식이다. 그들이 경영하는 회사가 잘 되어 그 회사의 가치가 높아지면 주가가 상승하고 매년 배당을 받아 엄청난 부를 이룬다.

우리가 이 회사의 주식을 사서 보유하고 있으면, 대기업 회장이 돈을 벌면 나도 돈을 버는 동업자가 되는 것이다. 삼성그룹의 주식을 열심히 사 모으면 이건희 회장과 나는 사업의 동반자가 되는 것이고, 현대자동차 주식을 보유하고 있으면 현대자동차가 잘 팔릴수록 나 역시 돈을 버는 것이다.

내가 직접 사업을 한다는 마음으로 주식투자를 한다면 부자가 될 수 있다. 내가 그 회사의 CEO라는 건전한 마음으로 투자를 한다면 우리는 신중할 수밖에 없고 중장기 투자를 할 수밖에 없다. 누구도 사업을 시작한 후, 매출이 조금 좋아졌다고 회사를 매각하는 사람은 없다.

주식투자가 나쁜 것은 아니다.

주식에 투자하는 우리의 마음자세와 투자습관이 올바른지를 먼저 살펴보아야 한다.

좋은 회사와 오랫동안 동행하여 수익을 얻는 것은 평범한 사람이 전 세계인을 상대로 사업을 벌여 돈을 벌어들이는 것이다. 천리를 가기 위해서는 비싼 돈을 주고 천리마를 사야 한다. 하지만 천리마의 등에 붙어가는 파리 역시 천리를 간다는 사실을 잘 기억하자.

복권 1등
당첨자는 왜 파산할까?

누구나 한 번쯤은 복권에 당첨되기를 꿈꾼다. 인생역전 대박을 꿈꾸며 복권을 산다. 복권은 몇천 원을 들여서 사람을 행복하게 만드는 매력이 있다. 복권 한 장을 사면 추첨하는 날까지 달콤한 상상을 즐길 수 있다.

그러나 정작 복권이 당첨되기란 마른하늘에 벼락 맞기만큼이나 가능성이 희박하다. 그래서 우리는 복권 1등 당첨자를 천운을 타고난 사람이라고 부러워한다. 5천 원을 투자한 복권이 한순간에 수억 원, 수십억 원이 되는 엄청난 행운을 잡을 수 있어 말 그대로 대박이 터진 것이다.

그러나 그동안 복권에 1등으로 당첨된 사람들의 삶을 살펴보면 경제적인 풍요로움 덕택에 행복해야 할 사람들이 모두 불행했다.

돈을 흥청망청 쓰다가 몇 년을 못 가서 빈털터리가 되거나 심한 경우 가정이 파탄 나고 복권 당첨자는 자살을 하면서 생을 마감했다.

복권 당첨자의 불행한 삶을 보면서 '왜 저렇게 어리석지, 욕심 부리지 말고 있는 자산을 안전하게 은행에만 넣어둬도 평생 먹고 살 수 있는데…. 나라면 어려운 사람들을 위해 자선도 하고 부모와 형제자매, 친척들에게 도움을 주고 인생 멋지게 살 수 있는데….'라는 생각이 들곤 한다.

하지만 그동안 복권에 당첨된 사람들은 외계에서 온 특별한 사람이거나 허영이나 사치와 향락을 즐기던 사람이 아닌, 우리와 같이 지극히 평범한 사람들이었다. 이들은 한순간에 생각지도 못한 큰돈이 생기면서 행복해지는 것이 아니라 오히려 불행이 시작되었다. 만약 그가 이전에 많은 금융자산을 관리하고 투자를 해 본 경험이 있거나, 평소에 금융과 투자에 관심을 갖고 공부를 해서 자산관리에 대해서 어느 정도 준비가 되어 있었다면 적어도 망해서 파멸의 늪에 빠지는 일은 없었을 것이다.

많은 사람이 평소에는 재테크나 자산관리에 전혀 관심을 두지 않는다. '이제는 금융시장이 변했고 저축이 아닌 투자를 해야 한다.'고 말하면 '지금 먹고 살기도 힘든데 무슨 투자고 재테크냐? 나중에 살만하면 그때 가서 생각해 보겠다.'는 사람들이 대부분이다. 좋은 직장에 취업하기 위해서는 열심히 공부하고 잘 준비해야 입사할 수 있다고 말하면 무슨 취업 준비냐, 나중에 좋은 회사에서 직원을 뽑는다고 하면 그때 준비하겠다는 얘기와 같다.

넉넉하고 부유한 사람보다 지금 경제적으로 힘든 사람들이 오히려 재테크와 투자를 준비해야 하는데 정작 투자는 부유한 사람들이 한다.

살아가면서 나에게 언제, 어떤 기회가 올지는 아무도 모른다. 중요한 것은 평소에 꾸준하게 준비를 한 사람만이 그 기회를 잡을 수 있다.

하지만 내 그릇을 크게 만들려는 노력은 하지 않고 빨리 많이 담으려는 욕심만 가득하다. 나 자신의 그릇을 크게 만들지 못하면 좋은 기회가 와도 잡을 수 없다. 큰돈을 벌어도 담을 수 없다. 설사 운좋게 잠시 돈을 번다고 해도 그 돈이 나에게 머물지 못하고 다시 다떠나 버린다. 돈을 벌기 전에 평소에 열심히 노력해서 내 그릇을 크게 만드는 것이 중요하다.

금융 문맹을 없애라

오바마 대통령은 미국의 청소년들이 사회에 진출하기 전에 금융에 대한 다양하고 풍부한 지식을 갖출 수 있도록 금융교육을 늘리라고 교육책임자에게 지시했다.

우리 나라는 세계에서 가장 문맹률이 낮은 나라이다. 거의 모든 국민이 글을 읽고, 쓸 수 있는 나라는 전 세계에서 우리 나라가 유일하다. 인터넷 보급률은 세계 최고 수준이며 대다수의 국민들이 자유자재로 컴퓨터를 이용한다.

영국은 아이들이 10세 전후가 되면 정부에서 일정 금액을 지원해서 의무적으로 펀드에 가입하고 투자를 실제 몸으로 익히게 한다. 미국이나 다른 선진국들 역시 금융교육에 많은 투자와 노력을 기울여 국민들의 금융지식 수준을 높이고자 애쓰고 있다.

그러나 우리 나라는 중·고등학교 사회시간에 금융에 대해 잠시 가르치고 지나간다. 학생들은 좋은 대학에 가기 위해서 입시에 유리한 과목을 집중해서 공부한다. 그러나 좋은 대학을 가고자 하는 이유는 좋은 직장을 얻기 위해서다. 좋은 직장을 얻는 이유는 좋은 배우자를 만나 행복하게 살기 위해서다.

학생들이 열심히 배우는 국어, 영어, 수학, 과학 등은 대학입학시험과 입사시험에는 필요하지만 정작 사회생활에서는 거의 필요가 없다. 중·고등학교 때 머리 아프게 배웠던 2차 방정식, 함수, 미분, 적분, 행렬 등은 실제 생활에서 활용하지 않는다.

정작 우리가 살아가는 데는 '전세계약서 작성법', '매매계약서 작성법', '펑크 난 타이어 교체하는 법', '페인트칠 하는 법', '전구 갈아 끼우는 방법', '음식 조리법' 등이 필요하지만 학교에서는 평생 써 먹지도 않을 어려운 것만 가르치고 실생활에 필요한 것은 학교를 마치고 사회에 나와서 맨땅에 몸을 부딪쳐 가면서 살이 까지고 피를 보면서 배운다.

금융과 투자 역시 마찬가지다. 학생들은 살면서 생활과 뗄 수 없는, 아주 중요한 돈과 관련된 문제에 대해 제대로 된 교육을 받지 못하고 사회에 진출한다. 수십 년간 어렵게 모은 종잣돈으로 비싼 수업료를 치르면서 조금씩 눈을 떠간다. 어렵게 종잣돈을 모아서 투자를 하지만 어이없는 실수나 욕심으로 고배를 마시는 사람들이 대부분이다.

서울의 S대학교 경제학 교수가 미국의 유명한 경제학자와 나눈 대담이 경제신문에 크게 실린 적이 있다.

A : 미국사람과 한국사람 중에 누가 더 열심히 일한다고 생각하십니까?

K : 당연히 한국사람입니다.

A : 맞습니다. 한국사람이 일하는 노동의 양은 OECD 국가 중 가장 많습니다. OECD뿐만 아니라 세계에서 가장 많이 일합니다. 그렇다면 미국사람과 한국사람 중 누가 더 잘 삽니까?

K : 미국사람입니다.

A : 세계에서 가장 일을 많이 하는 사람은 한국사람이지만 더 잘 사는 사람은 미국사람입니다.

K : 이유가 무엇이라고 생각하십니까?

A : 아무리 열심히 일하는 한국사람도 잠은 자지만 미국의 달러는 잠을 자지 않습니다. 달러는 하루 24시간 전 세계를 돌아다니며 돈을 벌어들입니다.

한국 조선업계는 선박 수주량이 세계 1위이다. 조선업체가 배한 척을 수주 받아 배를 건조하여 인도하기까지는 대략 2~3년의 시간이 걸린다. 그 기간 동안 수백 명의 근로자가 밤낮을 가리지 않고 땀 흘리며 일한다. 이렇게 일해서 벌어들이는 순이익이 배 값의 약 5~10% 정도이다. 즉 5천억 원 하는 유조선이나 초대형 선박을 만들어 주고 버는 돈이 대략 250억 원에서 500억 원 정도 된다. 이 기간 동안 배를 주문한 외국의 선주는 ‘갑’이 되고 그들의 배를 만드는 우리 나라 조선사는 ‘을’의 관계가 된다.

배를 주문하는 선주는 모두 자기 돈으로 배를 사는 것이 아니라 유럽의 은행에서 돈을 빌려온다. 이때는 돈을 빌려주는 유럽의 은행들이 ‘갑’이 되고 돈을 빌리고자 하는 선주는 ‘을’이 된다. 유럽의 은행들은 편히 앉아서 돈을 대출해 주고 몇 년간 땀 흘려 고생한 우리 나라보다 훨씬 더 많은 돈을 번다. 재주는 우리 나라 사람이 부리고, 돈은 유럽의 대형 은행들이 챙겨가는 것이다.

삼성전자는 세계최고의 전기전자 회사가 되었다.당당히 해외 시장에서 점유율 1등을 차지한 것이다. 그러나 삼성전자가 반도체 D램, 휴대폰, 가전제품을 열심히 만들고 팔아서 돈을 벌어도 수익의 절반은 삼성전자 지분의 50% 정도를 보유하고 있는 외국인이 고스란히 가져간다. 삼성전자의 수많은 임직원들이 땀을 흘려 어렵게 벌어들이는 돈을 그들은 시원한 곳에서 맛있는 음료를 마시면서 가져간다.

삼성전자뿐만이 아니다. 현대차, POSCO, 우리 나라의 모든 은행들이 벌어들이는 돈 역시 거의 대부분 외국인의 몫이다. 상장회사에서 지급하는 배당금이 2010년 8조 원, 2011년 약 9조 원 정도이다. 이 돈 역시 대부분 외국인이 가져간다. 이는 해마다 되풀이되는 현상이다.

1992년 주식시장을 외국인에게 개방하고 난 후, 지난 20년간 외국인은 우리 나라에서 340조 원을 벌어갔다. 이제부터라도 내가 일해서 버는 근로소득보다 내가 가진 돈이 돈을 버는 금융소득을 높이는 방법에 대해서 공부해야 한다.

일은 말단 직원이 가장 많이 하지만 돈은 그 시간에 골프장에서 공을 치는 사장이 더 많이 번다는 사실을 잊지 말아야 한다.

탈무드에서
배우는 투자 지혜

옛날 임금님이 한 신하를 급히 불렀다.

신하에게는 세 명의 친구가 있었는데, 한 사람은 가장 좋아하고 신뢰하는 절친한 친구이고, 다른 한 사람은 가까운 친구이며 세 번째 사람은 친구이긴 하나 별로 관심이 없는 사이였다.

부름을 받은 신하는 혹 임금님께 야단을 맞을 것이 두려워 세 명의 친구에게 함께 가 달라고 부탁했다. 가장 가까운 친구에게 첫 번째로 부탁을 했다가 일언지하에 거절당했다. 믿음이 컸던 만큼 실망도 컸다. 조금 가까운 두 번째 친구는 동행은 하겠지만 대궐 문 앞까지만 함께 가주겠다고 말했다. 큰 기대를 하지 않았던 세 번째 친구는 기꺼이 가주겠노라며 선뜻 따라 나섰다.

신하에게 세 명의 친구는 누구였을까?

첫 번째 친구는 재산이다. 평소 가장 가까이 지내지만 세상을 떠날 때는 남겨두고 떠나야 한다.

두 번째 친구는 가족과 친척 혹은 사랑하는 사람들로서 그들이 동행해 줄 수 있는 한계는 무덤까지이다. 누구보다 사랑하는 아들 딸이요, 아내와 남편이지만 무덤 속까지 함께 가지는 못한다.

세 번째 친구는 선행이다. 세상을 사는 동안 다른 사람들을 위해 베푼 선행과 자선, 옳고 의로운 것들은 세상을 떠난 후에도 영원히 동행하는 친구이다.

세상에서 돈 벌어 부자가 되기 싫은 사람은 아무도 없다.

재산은 우리가 세상을 살아가면서 가장 중요한 것 중 하나임이 분명하다. 사람들은 돈을 벌기 위해, 부자가 되기 위해 오늘도 열심히 뛴다. 새벽같이 집을 나서 열심히 일하고 밤늦게 지친 몸을 이끌고 집으로 돌아간다. 가족들과 행복하게 살기 위해서 밤낮으로 돈을 벌지만 정작 사랑스러운 배우자와 자녀들과 즐거운 시간을 가지지 못한다. 아이들이 어떻게 커가고 있고, 무슨 생각을 하고, 어떤 고민이 있는지 알지 못한다. 나중의 행복을 위해 지금을 희생하는 것이다. 과연 이것이 진정으로 행복한 삶일까?

어느 정도 경제력을 갖춘 사람도 마음은 여전히 쫓긴다. 좀 더 넓은 집으로 이사를 하고, 좀 더 좋은 차로 바꿔야 폼이나고 남들 앞에서 체면이 선다. 나보다 어려운 사람과 사회를 위해 선행을 하고 기부도 하고 싶지만 지금은 아니다. 당장 내 주위의 10억, 100억을 가진 부자를 따라잡아야 한다. 선행이나 기부는 그 후에 해도 늦지 않다. 모든 것을 이루고 나서 노년에 여유가 있으면, 기부나 선행을 하겠다고 마음 먹는다.

서두르거나 급하게 뛰다 보면 길을 잃거나 넘어지기가 쉽다. 투자를 하다 보면 투자에 성공해서 큰돈을 벌 수도 있지만 때로는 실패해서 내가 가진 돈마저 손실을 보는 경우가 있다. 이때 사람들은 '인생을 망쳤다!', '모든 것이 끝났다!'며 마치 세상 다 산 사람처럼 한탄한다.

이때 우리가 잘못한 것은 투자일 뿐이다. '투자에 실패했다'는 사실만 인정해야 한다. 대입시험을 망친 학생은 인생의 낙오자가 아니라 단지 대학입학시험을 잘 못 보았을 뿐이다.

어쩌면 우리에게 어려운 사람들과 나눌 경제적 여유가 아니라 마음의 여유가 없는 것은 아닐까? 이 세상에 있을 때 필요한 것에 집착하다가 정작 세상을 떠난 뒤에도 끝까지 남아서 나를 빛내 줄 세 번째 친구에게 너무 소홀한 것은 아닐까?

미래에 대한
두려움이 마음을 지배하는 상태

"불확실한 미래에 대한 두려움이 마음을 지배하는 상태가 가난이다."

고(故) 김수환 추기경님의 이 글을 처음 읽었을 때 '가난'을 굉장히 어렵고 고차원적으로 풀이해 놓았다고 생각했지만 몇 번 더 읽고 나자 '가난'을 이보다 더 정확하게 표현할 수 없겠다는 생각이 들었다. 그동안 '가난'을 경제적인 궁핍, 돈이 없는 것, 부유하지 못한 것으로만 생각했는데 그게 전부가 아니었다.

유명 연예인이나 대기업 총수의 자녀 혹은 사회적으로 성공한 사람들이 스스로 목숨을 끊는 경우를 가끔 본다. 그들은 돈이 많은 부자이지만 불확실한 미래에 대한 두려움이 그들의 마음 상태를 지배하면서 불안과 우울증에 시달리다가 극단적인 선택을 하게 되는 것이다.

그러나 먹고 살 일을 걱정해야 하는 대부분의 서민들은 부자들에 대해 아무 걱정거리 없이 늘 행복하고, 좋은 일만 있을 것이라 생각하며 그들을 부러워한다. 삼성전자나 현대차의 회장 자제들은 세상에서 가장 행복할 것 같지만 정말 그럴까?

삼성그룹 이건희 회장의 아들인 이재용 사장은 세계적인 IT업체인 애플과 소니와 경쟁해야 한다. 현대자동차그룹 정몽구 회장의 아들인 정의선 사장은 일본의 도요타와 독일의 벤츠, BMW와 세계시장에서 진검승부를 겨뤄야 한다. 이 얼마나 무시무시한 일인가? 아마 일반인들은 잠시도 그 중압감을 견뎌내기 힘들 것이다.

세상살이를 하다보면 내 일만 힘들고 다른 사람의 일은 쉬워 보인다. 그러나 조금만 더 깊이 들여다보면 다른 사람이 하는 일에도 다 어려움이 있고 나름대로 애환이 있다.

미지의 세계인 미래에 대한 두려움은 이 세상을 살아가는 모든 사람들이 다 가지고 있다. 중요한 것은 이 두려움이 내 마음을 지배하지 못하도록 해야 한다. 통장에 수억이 있고, 수십억 원대의 아파트에 살고, 좋은 자가용을 타고 다녀도 늘 미래에 대한 두려움이 내 마음을 짓누르고 있다면 이 사람은 가난하게 사는 것이다.

반대로 비록 경제적으로는 넉넉하지 못해도 항상 열심히 살고 모든 일에 감사하며 하루하루를 행복하게 살 수 있는 사람은 부자다.

이제 부자와 가난한 사람을 돈의 많고 적음으로 판단하지 말고 그 사람의 마음을 들여다보아야 한다.

사람들은 모두 각자 자신만의 특기와 장점이 있다.

돈을 잘 버는 것도 단지 하나의 재능일 뿐이다. 돈을 잘 번다고 어깨에 힘 넣고 목을 뻣뻣하게 세우고 다니며 다른 사람을 무시해선 안 된다. 경제적으로 어렵더라도 너무 기가 죽어 살 일도 아니다. 사람은 개개인마다 타고난 재능이 있다. 그 재능을 나와 내 가족을 위해서만이 아니라 주변 사람들과 조금씩 나누고 산다면 모두가 행복하지 않을까?

우리 모두 가난한 사람이 아닌 부자로 살아가기를 희망해 본다.

감사하고 만족할 줄 아는 사람

한때 우리사회에 '10억 만들기' 열풍이 퍼졌다.

부자라면 최소한 10억 정도는 있어야 한다는 생각에서였다. 최근에는 10억도 모자라 서울 강남의 집 한 채 값 정도인 30억은 있어야 부자라고 한다.

그렇다면 30억보다 5억이 부족한 25억을 갖고 있는 사람은 부자가 아닐까? 현금성 자산 5억을 갖고 있는 사람은 부자가 아닐까? 일정 금액을 기준으로 부자와 부자가 아닌 사람을 구분 지을 수는 없다.

부자를 여러 측면에서 정의할 수는 있겠지만 나는 지금 이 순간부터 이미 벌어 놓은 재산으로 더 이상 돈을 벌지 않아도 평생을 살 수 있는 사람이라면 그가 소유한 재산의 규모와 상관없이 부자라고 생각한다. 또한 근로소득보다 금융소득이 높은 사람은 부자라고 할 수 있다. 내가 일을 해서 버는 근로소득보다 내가 가지고 있는 재산으로 돈을 버는 금융소득이 크다면 부자이거나 앞으로 부자가 될 가능성이 높은 사람이다.

반면에 내가 일해서 버는 근로소득이 나의 총수입이며, 금융소득이 없는 사람은 근로능력이 떨어지는 노후에는 빈곤한 생활을 할 가능성이 높다. 근로소득 대비 금융소득의 비중이 높아지면 높아질수록 은퇴를 해도 되는 시기가 가까워진다고 볼 수 있다.

'젊어서 지식의 나무를 심지 않으면 늙어서 쉴 그늘이 없다.' 이 말을 조금 바꿔서 '젊어서 투자의 나무를 심어 놓지 않으면 늙어서 풍요로운 노후를 보낼 수 없다.'라고 말해도 좋을 것 같다.

우리는 부자를 잘 사는 사람이라고 흔히 생각한다. 그러나 이 말은 굉장히 잘못된 말이다. 부자와 잘 사는 사람 사이에는 차이가 있다. 부자란 말 그대로 재산이 많은 사람이다. 부자 중에는 부모 자식 간에, 형제간에, 친인척끼리 재산 싸움이나 볼썽사나운 일로 눈살을 찌푸리게 하고 주변의 어려운 사람을 전혀 배려하지 못하는 사람도 있다. 이런 사람은 부자이기는 하지만 잘 사는 사람은 아니다. '잘 사는 사람'이란 자기 일을 열심히 하고 부모 형제 친척들과 화목하게 지내며 주위에 어려운 이웃들을 보살필 줄 아는 사람이다.

모든 사람이 부자가 되고 싶어 한다는 말은 역설적으로 그만큼 부자가 되기가 힘들다는 말이다. 세상을 살면서 돈 때문에 받는 스트레스와 애환이 얼마나 많은가?

원하는 만큼 많이 벌어서 스스로 만족할 수 있는 부자가 되기란 하늘에 별 따기만큼이나 어렵다. 사람의 욕심은 한이 없어서 10억을 벌면 100억을 벌고 싶어 하고, 내가 99개를 갖고 있으면 남이 가진 한 개를 빼앗아 100개를 채우고 싶어 한다.

평범한 사람에게 노후를 위해 얼마가 필요하냐고 물으면 10억이면 충분하다고 한다. 10억을 가진 사람에게 물으면 30억이 필요하다고 한다. 50억이 있는 사람은 100억은 있어야 한다고 한다. 그런데 100억 있는 사람은 어떨까? 우리는 '100억 있으면 무슨 고민이 있겠어?'라고 생각하지만 그들도 여전히 불안해 한다.

재물이 아무리 많아도 사람 마음을 채울 수 없음을 고객들과 상담을 하면서 자주 느낀다. 마음을 먼저 비워야 비로소 만족하고 감사할 줄 알며 행복을 가꿀 수 있다.

우리가 아는 많은 부자들, 재벌이나 대기업의 총수나 최고경영자들은 부자임에 틀림없다. 하지만 그들이 모두 잘 살거나 행복한 것은 아니다. 예로부터 '천석 지기는 천 가지 근심이 있고, 만석 지기는 만 가지 근심이 있다.'고 했다. 돈 때문에 스트레스를 받지 않으려면 내가 가진 것에 감사하고 만족할 줄 알아야 한다. 그것이 가장 행복한 삶이자 진정한 부자가 되는 길이기 때문이다.

"부자는 가장 많이 가진 사람이 아니라 가장 적게 필요로 하는 사람이다."

삼식이를 아시나요?

오르지 않는 것이 없다. 집값, 전세값, 아이들 학원비, 기름값, 식료품비, 목욕비, 이발비 등. 그러나 개중에는 오르지 않는 것들도 있다. 남편 월급, 애들 성적, 내가 산 주식은 도통 오르지 않아 애를 태운다. 오를 것은 안 오르고, 오르지 말아야 할 것만 올라서 결국에는 오르지 말아야 할 혈압까지 오른다.

세상을 살다보면 이처럼 내 뜻과 생각대로 되는 일보다는 안 되는 일이 더 많다는 사실을 알게 된다. 그중에서도 특히 우리 뜻대로 되지 않는 일이 바로 음식, 주식, 자식이다.

예전에는 잘 먹지 못해서 병에 걸렸으나 요즘은 너무 잘 먹어서 병에 걸린다. 고혈압, 고지혈증, 당뇨병 등 거의 모든 성인병을 유발하는 음식이 주변에 넘쳐난다. 이러한 음식을 적게 먹고 많이 움직여야 한다는 사실을 알면서도 사람들은 제어하지 못하고 병을 얻는다.

주식 역시 사면 떨어지고 팔면 올라가서 투자자의 속을 태운다. 분명히 좋다고 생각하고 사지만 오르기는커녕 떨어진다. 안 되겠다 싶어 팔면 그 때가 바닥이다.

자식 또한 '저 애가 내가 낳은 애가 맞나?'라는 생각이 들 때가 한두 번이 아니다. 자식을 낳아서 키우는 동안 부모는 버는 돈의 거의 대부분을 자녀의 교육을 위해 쓴다. 아이만 잘 된다면 그 어떤 것이라도 희생하는 것이 우리 나라 부모다.

아이를 낳고 대학까지 졸업시키는 데 들어가는 경비가 억대를 훌쩍 넘었다. 사정이 이렇다 보니 부모는 아이들 한두 명을 양육하다 보면 재테크나 노후대비는 거의 하지 못한다. 예전에는 부모가 모든 것을 바쳐 자녀를 키우면 성장한 자식은 부모의 노후 생활을 보살피고 생활비를 보탰다, 그러나 지금은 힘들게 키워놓은 자식이 사회에 나가 제 앞가림이나 하면 다행인 세상이 되었다.

아직도 많은 부모가 자녀의 교육을 위해 가진 모든 것을 투자하지만 과연 이것이 아이를 진정으로 사랑하고 위하는 것일까? 아이를 키우느라 전혀 노후대비를 하지 못하고 나중에 자녀에게 의지한다면 이것은 오히려 자녀를 고통스럽게 하는 일이 될 것이다.

얼마 전, 정년퇴임을 앞둔 선생님이 빚을 지는 과정을 점심식사를 함께 하던 모 은행지점장에게 전해 들었다.

"선생님, 왜 대출을 받으려고 하세요?"

"딸아이 음악 공부시키고 해외 유학 보내느라 그동안 돈을 모으지 못했어요. 이제 시집을 보내야 하는데 돈이 필요해요."

우리 나라에서 가장 좋은 대학을 졸업하고 몇 년간 유학을 다녀와서 지금은 연주회와 개인레슨 등으로 한 달에 300만 원이 넘는 돈을 벌고 있는데도 부모는 자녀를 출가시키기 위해 큰돈을 대출받아야 한다고 했다. 공무원이거나 선생님 또는 경제력을 갖춘 분들도 자녀 교육과 결혼 그리고 집을 구해주느라 많은 빚을 안고 사는 경우가 의외로 많다고 했다.

자녀가 이런 부모의 형편을 잘 헤아려 감사한 마음을 갖고 노후를 보살펴 드리면 큰 문제가 없겠지만 그 자녀 역시 결혼해서 아이 낳고 키우다보면 자기 벌어 먹고 살기 바쁜 게 현실이다.

이제 부모가 변해야 한다.

부모는 돈 벌어 아이 공부시키느라 허리가 휘고, 아이는 아이대로 과중한 학습 부담에 고통을 받는다. 그러한 노력에도 불구하고 노후에 대한 준비마저 채 되어있지 않다면 이 얼마나 슬픈 일인가?

진정으로 자녀를 사랑한다면 아이의 교육에만 매달릴 것이 아니라 미리미리 자신의 노후를 대비해서 나중에 자녀에게 부모 봉양의 짐을 조금이라도 덜어주는 것이 훨씬 현명한 일이다. 유산을 자녀에게 물려주지 않으면 맞아 죽고, 유산을 자녀에게 다 물려주면 굶어 죽고, 유산을 반만 물려주면 눈치보며 죽는다니 이래저래 참 피곤한 세상이다.

2장
성공한 투자자는 현명하다

투기가 아닌 투자를 하자

돈을 버는 사람, 벌지 못하는 사람

세상에 공짜는 없다

소비 본능을 거슬러라

돈은 엉덩이로 번다

불패신화는 없다

투기가 아닌 투자를 하자

 "좋은 종목을 추천해주세요!"

"단타 칠 주식 좀 알려 주세요."

"어떤 펀드가 좋아요? 좋은 펀드 좀 추천해주세요!"

지난 12년간 하루에도 수십 번씩 듣는 말이다. 투자자는 묻는다. 좋은 종목, 잠깐 들어가서 얼른 수익 내고 나올 수 있는 주식, 좋은 펀드, 6개월이나 1년 후에 가장 수익이 많이 날 펀드를 알려달라고 한다. 모든 사람들이 쉽게, 빨리 그리고 많은 돈을 벌고 싶어 한다. 금융시장은 그 어떤 분야보다 빠르게 급변하는 곳이다. 하지만 아직도 80년대 90년대처럼 종목을 찍어 달라면서, 마치 도사나 주술사에게 의지하듯이 투자를 하시는 분들이 많다.

증권회사 직원이 고객의 요청대로 사는 즉시 주가가 올라서 수익이 나는 종목과 펀드를 말할 수 있다면 얼마나 좋겠는가? 그러나 실상은 그렇지가 못하다. 이제는 고객이 변해야 한다. 옛날처럼 증권회사 직원이나 주변 지인에게 귀동냥으로 정보를 얻어 쉽게 돈을 벌 수 있는 시대는 지났다.

2000년 이전에는 투자정보가 부족했던 시대였다. 이때는 누가 정보를 좀 더 빠르게 얻느냐가 투자성패를 좌우했다. 그러나 지금은 각종 증권방송과 경제신문, 증권 관련 인터넷 사이트와 주식카페, 투자동호회 등 정보가 넘쳐나는 세상이다. 정보가 부족해서 투자가 어려운 것이 아니라 너무 많은 정보 때문에 오히려 투자를 하는 데 혼선이 생기는 경우가 더 많다.

"증권방송이나 신문에서 이 회사의 투자가 유망하다고 하던데 어떻습니까? 사도 될까요?"

"이 종목을 관심을 갖고 지켜보고 있는데 안전한지, 투자해도 괜찮은지, 혹시 내가 모르는 악재나 조심할 점이 있는지 좀 알아봐 주세요!"

"펀드 투자를 하고 싶은데 국내형이 좋을까요? 해외형이 좋을까요? 안전한 펀드는 어떤 것이 좋을까요? 저는 위험을 어느 정도 감수하더라도 고수익을 추구하는 투자를 하고 싶은데 어떤 펀드가 좋을까요?"

"주식이나 펀드에 투자를 하고 싶은데 지금이 투자해도 괜찮은 시기인가요? 투자한다면 어느 업종, 어떤 펀드, 어떤 주식이 좋은지 몇 개 추천해주시면 검토해 보고 투자를 결정하겠습니다."

이제는 증권회사 직원에게 세련된 질문으로 훨씬 더 좋은 조언을 듣고 상담을 받아 보자.

투자는 누구도 믿지 말아야 한다. 모든 사람을 의심하라는 것이 아니라 많은 사람들의 말을 듣더라도 최종 판단은 스스로 해야 한다. 이것이 되지 않으면 아무리 오래, 아무리 많이 투자를 해도 여전히 초보 딱지를 떼지 못한다.

요즘에는 수수료가 저렴하다는 이유로 많은 사람들이 HTS(홈트레이딩시스템) 거래를 선호한다. 물론 비용을 줄일 수 있다는 장점도 있으나 많은 개인 투자자의 불행이 사이버거래를 시작하면서 일어난다.

우선 컴퓨터만 있으면 매매를 할 수 있으니 다른 일은 하지도 못하고 하루 종일 컴퓨터 앞에 앉아서 주식시세만 보면서 매매를 한다. 주식시세를 보고 있으면 성인군자도 참지 못하고 매매를 하게 되어 있다. 가끔 운 좋게 수익이 나면 '음 역시 나는 투자의 귀재야!'라는 자신감과 확신을 가지고 용감하게 주식매매를 한다. 그러다가 어느 순간 무심코 산 주식이 덜컥 잘못되어 한순간에 치명적인 손실을 입는 경우가 허다하다.

매매가 잦아지면 제비용이 많이 발생한다. 투자자들은 수수료는 꼼꼼히 따지면서 수수료보다 몇 배나 비싼 세금은 따지지 않는다. HTS 거래는 수수료가 싸다고 자주 매매하다 보면 오히려 세금 등 제비용이 더 많이 발생한다.

그러나 이보다 더욱 중요한 것은 매매를 자주 하다 보면 성공할 가능성보다 실패할 가능성이 훨씬 높다는 것이다. 투자를 하는 것이 아니라 나도 모르는 사이에 투기를 하게 된다. 그리고 가장 중요한 것은 내 본업에 충실하지 못하게 된다. 이것은 처음에는 눈에 잘 보이지 않지만 시간이 지나고 나면 돌이킬 수 없는 가장 큰 손실이다.

한창 일해야 할 젊은이들이 증권거래에 빠져 하루 종일 컴퓨터나 스마트폰으로 주식시세를 보고 주식투자를 하는 것을 보면 보통 심각한 문제가 아니다. 본업이 주식투자가 되고 내 직업이 부업이 되는 순간 인생은 추락의 길로 접어든 것이나 마찬가지다.

이외에도 HTS 거래의 단점은 많다. 아무리 열심히 인터넷을 뒤지고, 증권방송과 신문을 보더라도 내가 보지 못하는 부분이 있을 수 있다. 대주주의 횡령이나 투자 회사의 재무위험, 실적변동 등은 혼자서 조사하기 보다는 증권회사 직원의 도움을 받는 것이 좋다. 그들에게 종목을 찍어 달라고 할 것이 아니라 내가 보유한 종목에 대해 주기적으로 점검과 상담을 받는 것이 중요하다. HTS 거래를 하더라도 1주일에 한두 번, 적어도 한 달에 두세 번은 반드시 증권회사 직원에게 전화를 걸어 보유종목에 대한 진단과 컨설팅을 받아야 갑자기 뒤통수 맞는 일을 피할 수 있다.

HTS 투자를 하는 사람들은 주식을 사고 나서 주가가 오르면 수익이 난 주식을 급히 판다. 반면에 주식을 샀는데 주가가 떨어지면 처음에는 마냥 오르겠지 하고 기다리다가 주가가 계속 하락하면 그제야 증권회사 직원에게 '내가 산 주식이 계속 떨어지는데 어떻게 하죠?'라고 상담을 한다. 이미 주식을 사서 손실이 많이 발생한 상태에서는 어떤 방법도 쉽지 않다. 손절매를 하기도, 그렇다고 마냥 보유하는 것도 부담이 된다.

주식을 사기 전에 미리 상담하고, 충분히 분석해서 주식을 매수하고, 매수할 때 목표가와 손절매가를 미리 정해 놓고 목표가나 손절매 가격에 도달하면 이익을 실현하거나 손절매를 하거나 다시 상담을 하고서 결정하는 것이 가장 좋다.

우리가 값이 싼 재래시장이나 할인점보다 백화점을 이용하고, 여관이나 모텔보다 호텔을 선호하고, 유명 브랜드가 비싸도 사는 이유는 비싼 만큼 그만한 가치가 있기 때문이다. 증권투자는 소비가 아니라 투자다. 즉, 싸게 사는 것도 중요하지만 더 중요한 것은 내가 산 가격보다 더 비싸게 파는 것이다.

요즘에는 HTS나 사이버 거래를 하던 분들 중에서 다시 전화로 주식상담하고 거래를 하시는 분들이 한 분, 두 분 늘고 있다. 하루 종일 주식시장에서 눈을 떼지 못하고 나 홀로 투자를 하다가 종종 큰 실수를 저질러 어렵게 번 돈을 한 방에 날리고 나서 뒤늦게 후회하는 사람들이 많기 때문이다.

일을 열심히 해서 내 몸값을 높이고 일에서 성과를 내는 것이 가장 중요한 재테크이자 투자다. 골치 아픈 일은 펀드와 같은 간접투자나 전문가에게 맡기자.

대한민국 모든 사람들이 다 펀드매니저가 되고 트레이더가 되면 우리 나라는 누가 이끌어가나? 이제 우리 모두 주식시장에서 한 발 떨어져 투기가 아닌 투자를 하자. 하루라도 주식시세를 보지 않고, 매매를 하지 않으면 불안하고 큰일 날 것 같지만 지나고 나면 이것이 얼마나 마음 편하고 올바른 투자인지 알게 될 것이다.

이제는 오늘 아침에 사서 오후에 팔 주식, 오늘 사서 내일 팔 주식은 찾지 말자. 그동안 열심히 찾아다니고 투자해 봤지만 뾰족한 수가 없지 않은가? 늦었다고 생각할 때가 가장 빠르다. 급하다고 서두르면 결과가 좋지 않다는 것을 그동안 세상 살면서 많이 배우고 경험하지 않았던가?

세계최고의 투자자인 워렌 버핏은 70년 가까이 투자를 하고 있지만 그의 집무실에는 컴퓨터가 없다는 사실을 아는 사람이 몇이나 될까? 컴퓨터가 없었기 때문에 워렌 버핏이 세계최고의 투자자가 될 수 있지 않았을까?

돈을 버는 사람
돈을 벌지 못하는 사람

 거래는 항상 상대가 있다.

누군가 주식을 산다는 것은 다른 누군가는 주식을 팔았다는 것이다. 어떤 사람은 '이 주식은 틀림없이 올라간다.'고 확신하고 서둘러 주식을 사지만 그때 누군가는 정반대로 '이제 이 주식은 내려간다.'고 판단해서 주식을 판다. 주가가 내려간다고 생각하는 사람이 있음에도 서둘러 주식을 산다는 것이 얼마나 위험한 일인지 새삼 가슴이 서늘하고 등골이 오싹해진다.

투자의 세계에는 항상 낙관론자와 비관론자가 있다.

유럽과 미국이 금융위기로 급락했을 때 세계최고의 투자자인 워렌 버핏은 '지금은 주식을 살 좋은 시기'라고 하면서 주식을 샀다. 반면에 대표적인 비관론자인 룸비니 교수는 유럽 국가들의 경제 위기와 미국의 더블딥으로 세계경기는 침체를 피할 수 없다고 했다.

누구는 '떨어지는 칼날은 잡지 말라'고 하고, 또 누구는 '공포를 사라'고 한다.

증권사에 20년 넘게 근무한 지점장은 삼성전자를 사고, 작년에 입사한 주임은 삼성전자를 판다. 누구는 지금이 정말 좋은 기회이니 빨리 펀드에 가입하라고 하고, 어떤 사람은 기존에 가입한 펀드를 환매해서 현금을 확보하라고 한다.

우리는 누군가는 알고 있고, 누군가는 맞을 것이라고 생각한다. 전문가는 일반인보다 훨씬 능력이 뛰어나고 많이 알고 있다고 생각한다. 그러나 지난 10년 동안 유명한 애널리스트나 투자의 대가, 주식시장의 전문가들이 예측한 전망은 틀린 경우가 훨씬 많았다.

오죽하면 세계최고의 투자자라고 하는 워렌 버핏마저도 '시장은 아무도 알 수 없다. 언제 얼마만큼 오르고 언제 얼마만큼 하락할지 아무도 모른다.'고 했다. 그런데도 사람들은 전문가는 잘 알 것이라고 생각한다. 이것은 착각이다. 오늘 밤 미국시장이 어떻게 될지도 모르는데 어떻게 전 세계의 수많은 변수들이 복합적으로 작용하여 나타나는 금융시장의 변화를 예측할 수 있단 말인가?

주식시장을 예측하는 것은 가장 어리석은 일이다. 인간의 영역이 아니라 신의 영역이기 때문이다. 주식시장 전망에 대해 집착을 버리는 것이 좋다. 누구도 정확히 시장을 전망하고 예측할 수 없다.

우리가 할 수 있는 것은 시장의 변화에 따른 대처일 뿐이다. 이제는 우리의 소중한 에너지를 시장 전망이나 예측보다 시장이 어떻게 변하면 어떻게 대응할 것이라는 대책을 세우고 실천하는 데 사용해야 한다.

그렇다고 주식 전문가나 투자 대가의 전망이나 예측이 소용이 없는것은 아니다. 낙관론자와 비관론자가 자신들의 주장을 할 때는 반드시 그 근거가 있다. 근거는 팩트(Fact)이다. 근거에 의한 추론과 결과를 보면서 우리는 경험과 경력을 쌓을 수 있다.

특강을 나가거나 지인을 만나면 이제 저축의 시대는 끝났으니 투자를 하라고 한다. 지금부터라도 주식이나 펀드에 투자하라고 하면 매번 사람들은 지금은 안 된다고 한다. 1월에는 연초라서 안 되고, 2월은 설날이 있어서 안 되고, 3월은 아이들 학비 때문에 안 되고, 5월에는 각종 기념일과 행사 때문에 돈이 없고, 7월과 8월에는 여름 휴가라서 안 되고, 9월과 10월은 추석이기 때문에 여력이 없다고 한다. 12월에는 성탄절과 연말이라서 안 된다고 한다.

안 된다고 하는 사람은 일 년 내내 안 되는 이유가 있다. 이들의 특징은 부정적이고 비관적이다. 이들은 돈이 없어서 아무것도 할 수 없다고 한다.

주식시장이나 투자의 세계를 너무 부정적으로 볼 필요도 없다. 이제 예금으로는 더 이상 부자가 될 수 없고, 부동산 역시 투자 매력이 많이 떨어졌다. 주식이나 펀드 투자가 예전에는 선택이었지만 이제는 필수인 세상에 살고 있다. 더 이상 투자를 두려워하거나 외면해서는 안 되는 시대에 우리는 살고 있는 것이다.

젊어서 열심히 벌고 제대로 된 투자를 하루라도 빨리 시작해야 긴 노후를 편안히 보낼 수 있다. 아무런 대책도 없이 은퇴하고 어렵게 노후를 보내는 사람들은 젊어서 미리미리 제대로 된 투자나 준비를 하지 못한 사람들이다.

세월이 지나가면 모든 것의 가격은 오른다. 짜장면 값이나, 이발료, 학원비, 버스비 등 모든 물가가 10년, 20년 전보다 몇십 배 올랐다. 앞으로 10년 후에는 지금보다 훨씬 더 오른다는 것을 모두가 알고 있다. 하지만 주식이 지난 10년 20년 동안 수십 배 올랐다는 사실은 잘 모른다. 예금은 인플레로 돈의 가치가 하락하면 덩달아 떨어지지만 주식은 그렇지 않다. 매년 배당도 받는다.

이제 금융시장에 대한 과도한 두려움이나 의심을 내려놓고 10년, 20년 후를 생각해서 좋은 주식, 좋은 투자 상품에 흔들리지 않고 꾸준히 투자해야 한다. 비관론자는 시황을 맞추고 시장의 방향은 예측할 수 있지만 돈은 벌 수 없다. 돈을 버는 사람은 시장을 믿고 묵묵히 투자하는 낙관론자다.

세상에 공짜는 없다

두바이 통치자인 셰이크 모하메드는 강력한 추진력과 상상을 뛰어넘는 발상의 전환으로 전 세계를 깜짝 놀라게 했다.

평범한 어촌 마을을 불과 50년 만에 야자나무 모습을 딴 인공 섬 '팜 주메이라', 전 세계에서 가장 높은 건물인 160층의 '버즈 두바이'를 세우며 모든 나라의 부러움을 샀다. 두바이 성공신화를 배우기 위해 수많은 사람들이 두바이에 모여들었다.

그런데 변화와 혁신의 상징과도 같았던 두바이가 갑작스럽게 채무지불유예를 선언하면서 전 세계 금융시장을 한 차례 요동치게 했다. 하늘 높은 줄 모르고 비상하던 두바이의 몰락을 보면서 문득 IMF시절 우리 나라 기업들이 떠올랐다.

IMF시절 경제위기를 넘기지 못한 기업들의 공통점은 과도한 채무를 지고 있었으며 해당 사업 분야에서 시장 점유율이 1등인 것이 아니라 이삼 위권을 유지하는 기업이라는 것이었다.

대우그룹은 '세계경영'을 표방하면서 동유럽까지 발 빠르게 진출했고 '탱크주의'를 선언하면서 제품 이미지 제고를 위해서 많은 노력을 하고 있었다. 그러나 대우는 자동차, 전자, 건설, 중공업 등의 사업부문에 계열사를 거느린 대그룹이었지만 업종에서 1등을 하는 회사는 하나도 없었다. 자동차에서는 현대에 밀렸고, 전자산업은 삼성에 밀렸다. 건설 역시 현대나 LG 등에 밀렸고, 중공업은 현대에 밀렸다.

평상시에는 업종 내에서 1위 기업이나 이삼 위 기업의 차이가 별로 크지 않지만 경제위기가 오면 사정은 달라진다.

경기불황과 침체가 길어지면 맨 처음 부도의 위기에 내몰리는 기업은 규모가 영세한 하청업체들이다. 그 다음에는 시장점유율이 낮은 회사들이 차례로 무너진다. 하지만 시장점유율이 최고인 1등 회사는 마지막까지 살아남는다. 경기침체가 끝나고 경기가 회복되면 경쟁사들이 없어진 승자는 시장에서 독식을 하면서 초호황을 누리고 사상 최대의 수익을 낸다. 우리 나라의 삼성전자나 현대자동차가 이런 경우다. 이것이 바로 1등 주식에 투자해야 하는 이유다.

개인이나 가정이나 사회나 국가나 무리한 욕심을 부려 변제하지 못할 과도한 부채를 지게 되면 경제상황이 좋을 때는 운 좋게 넘어

갈 수 있지만 외부환경이나 변수가 조금만 불리하게 변하면 곧바로 생존의 위협을 받는 절체절명의 위기에 처하게 된다.

옛날에 왕이 모든 신하들을 불러 백성들에게 꼭 필요한 지식을 책으로 만들어 오라고 명령했다.

신하들은 오랫동안 연구해서 만든 10권의 책을 왕에게 가지고 갔다. 이를 본 왕은 10권의 책에서 핵심적인 내용을 다시 정리하라고 했다. 신하들은 1년이 넘도록 고심해서 1권의 책을 만들었다. 그런데 왕은 1권도 많으니 다시 1장으로 내용을 정리하라고 한 후 마지막으로 가장 중요한 사실을 단 한 문장으로 요약하라고 했다. 신하들이 들고 온 한 문장은 '이 세상에 공짜는 없다'였다.

메기가 아무리 입이 크다고 해도 강물을 다 마실 수는 없다. 무리한 욕심은 반드시 화가 따르기 마련이다.

소비 본능을 거슬러라

사람은 경제활동을 통해 돈을 벌고, 소비하고, 저축하고, 투자를 한다.

돈을 쓸 때 우리는 한정된 돈으로 최대의 효용을 얻기 위해서 가장 필요한 것부터 우선순위를 정해 소비를 한다. 저축과 투자는 미래를 위해 현재 해야 할 소비를 자제하는 것이다. 그런데 사람들은 소비는 합리적으로 잘하면서 왜 투자는 번번이 실패하는 것일까?

보통 사람들은 서너 살 때 엄마 손을 잡고 다니면서 막대사탕이나 과자를 사달라고 조르기 시작하면서부터 자연스럽게 소비를 시작한다. 어려서부터 시작한 소비는 우리 몸에 익숙해져 누가 특별히 가르쳐 주지 않아도 잘한다. 같은 값이면 더 좋은 제품을, 같은 제품이면 좀 더 싼 가격에, 남들보다 좀 더 좋은 조건이 아니면 좀처럼 지갑을 열지 않는다.

저축은 초등학교에 들어가면서 시작하지만 내가 번 돈을 저축하는 것은 보통 스무 살이 넘어야 가능하다. 저축은 크게 고민할 필요가 없다. 이미 정해진 이율에 따라 이자를 받기 때문에 이율을 확인하고 예금하면 된다. 저축을 하면 예금자는 모두 동일한 결과를 얻는다.

투자는 소비나 저축보다 더 늦게 시작한다. 보통 서른이나 마흔이 되어 어느 정도 여윳돈이나 목돈이 생기면 이때부터 투자를 시작한다.

투자는 크게 증권투자와 부동산투자를 들 수 있는데 이 투자란 것이 우리에게는 아직도 많이 낯설고 힘들다. 투자를 해 보았던 경험도 없고, 부모님이나 학교에서 투자에 대해 제대로 배우지도 못했다. 보통 사회생활을 하면서 어깨너머로 주변 사람들을 통해서 대충 본 것과 들은 것, 몇 권의 재테크 관련 책이 전부인 경우가 많다. 사정이 이렇다 보니 투자를 소비처럼 하면 잘하는 것이라고 착각을 한다.

같은 주식이면 남보다 싸게 사면 투자를 잘하는 것이고, 같은 금액으로 남보다 많이 사면 좋은 것이라고 철석같이 믿고 투자한다. 그동안 수많은 사람들이 이런 소비심리로 투자를 했고 결국에는 실패했다.

근본적으로 투자는 소비와 정반대의 개념이다. 소비는 지금 현재 돈을 쓰는 것이고, 투자는 미래를 기약하며 돈을 쓰지 않는 것이다. 성공적인 투자방법 역시 합리적인 소비방법과 정반대다.

주식시장에서 개인은 주가가 떨어지면 사고 오르면 판다. 반대로 외국인과 기관투자가는 주가가 떨어지면 팔고 오르면 산다.

단기적으로 보면 내릴 때 사고 오를 때 파는 개인이, 오를 때 사고 내릴 때 파는 외국인이나 기관투자가보다 훨씬 현명한 투자를 하는 것처럼 보인다. 실제로 단기간의 수익률은 개인이 외국인이나 기관투자가를 앞설 때도 있다. 이때 개인은 소비의 개념으로 투자를 하고 있는 것이다.

외국인과 기관은 주가가 떨어지면 싼 것이 아니라 회사의 가치가 떨어졌기 때문에 주가가 하락한다고 생각하고 미련 없이 손절매한다. 반대로 주가가 상승하면 개인투자자는 재빨리 팔아 이익을 실현하지만 외국인과 기관은 기업의 가치가 올라가고 실적이 좋아진다 보고 오히려 꾸준히 추가 매수를 한다. 이들은 소비가 아니라 실제로 투자를 하는 것이다.

개인은 적은 수익을 몇 번 내다가 치명적인 손실 단 한 방에 그동안 벌어 놓은 얼마 되지 않은 수익금에 원금까지 손실을 본다. 반대로 외국인과 기관은 오를 때 샀다가 하락하면 몇 번씩 손절매를 하지만 한 번 수익이 나면 그동안의 손실을 보충하고도 남는다.

투자 승률은 개인투자자가 높지만 투자 수익률은 외국인이나 기관투자자가 월등히 높다. 투자에서 중요한 것은 승률이 아니라 수익률이다.

우리가 성공적인 투자자가 되기 위해서는 본능을 거슬러야 한다. 하지만 수십 년간 몸에 밴 합리적 소비본능을 거스르기란 말처럼 쉽지 않다. 그러므로 투자를 할 때는 의식적으로 소비본능을 거스르려는 노력을 해야 한다.

돈은 엉덩이로 번다

재테크에 관한 사람들의 관심이 점점 높아지고 있다. 개인이 재테크를 한다고 하면 다음 세 가지 중 하나다. 은행예금, 주식투자, 부동산투자.

가장 기본적인 재테크 수단이었던 은행예금은 지속되는 저금리로 재테크 수단으로서 기능을 상실했다. 물가상승률을 감안한 실질금리는 마이너스가 된 지 이미 오래다. 또한 은행예금은 일정기간 모든 가입자의 수익률이 거의 같아 크게 고민할 필요가 없다.

문제는 부동산투자와 주식투자다. 많은 사람들이 부동산투자에서는 수익을 내고 재미를 보았다. 그러나 주식투자를 해서 손실을 봤다는 사람은 많은데 수익을 냈다는 사람은 좀처럼 만나기 힘들다. 그렇다면 사람들은 왜 부동산투자보다 주식투자를 잘하지 못하는 것일까?

첫째, 부동산은 장기투자를 하는데 주식은 단기매매를 한다.

부동산은 한번 사면 보통 짧게는 3~5년, 길게는 10년 혹은 그 이상 보유한다. 그러나 주식은 거의 모든 투자자가 1년, 아니 한 달을 기다리지 못한다. 주식을 사서 수익이 난 채로 1년을 보유하는 사람이 전체 투자자의 1%도 안 된다. 1년 이상 주식을 보유하는 경우는 주가가 떨어져서 못 파는 경우가 대부분이다. 주식도 수익이 난 상태로 몇 년간 부동산처럼 보유할 수 있다면 큰돈을 벌 수 있는데 이게 말처럼 쉽지 않다. 그러다 보니 부동산투자로는 돈을 버는데 주식투자로는 돈을 벌지 못하고 오히려 손실을 보는 것이다.

우리 나라에서 최초로 대박을 터뜨린 사람은 '흥부'다. 그러나 흥부도 부러진 제비 다리를 고쳐주고 복을 받는 데 1년 이상 기다려야 했다.

둘째, 투자 이전에 준비기간의 차이가 있다.

부동산투자를 하는 사람은 투자를 하기 전에 최소 한 달 혹은 몇 달을 두고 고민하며 모든 사항을 꼼꼼히 살펴본다. 아파트를 사든, 상가나 임야를 사든, 어떤 부동산이든 투자를 하기 전에 등기부등본을 떼어보고 주변 상권을 조사하고 학교, 병원, 백화점, 은행 등 편의시설과 문화시설을 살펴본다. 그리고 교통의 편의성과 향후 개발계획 등을 시간을 두고 신중하게 검토한 후에 투자를 결정한다.

　그런데 주식투자는 투자자의 주변 사람들이 어떤 종목이 좋다고 하거나 신문이나 방송, 인터넷에서 어느 회사 주식이 좋다고 하면 덜컥 사는 경우가 많다. 전문가라는 사람들이 추천하는 종목은 무조건 사고 보는 것이다. 그 회사가 어떤 회사고, 현재 어떤 상태인지는 중요하지 않고 관심도 없다.

　부동산 투자는 6개월 이상을 고민하면서 주식투자는 채 10분도 고민하지 않고 결정을 한다.

　내 배우자를 고른다 생각하며 꼼꼼하게 따져보자.

　내 사위나 며느리를 고르는 것처럼 신중하게 살펴보고 결정하자.

　돈은 우리 삶에 아주 소중하다. 그런데 이렇게 소중한 돈을 아무 생각이나 기준도 없이 다른 사람 말만 듣고 덜컥 맡긴다. 이제는 돈을 투자할 때 서두르지 말고 내 자식을 오랫동안 아주 멀리 여행이나 유학을 보낸다는 심정으로 작은 것까지 세세하게 챙겼으면 한다.

　주식투자를 부동산투자와 같이 신중하게 한다면 우리 모두 성공 투자자가 될 수 있다.

　나는 부동산투자를 단기매매해서 돈을 벌었다는 소리를 아직 듣지 못했다. 만약, 부동산투자가 주식투자와 같이 마우스 한 번만 움직여도 매매가 가능하다면 아마 많은 사람들이 수익을 내지 못하고 손실을 봤을 것이다. 이젠 우리 스스로가 주식투자를 부동산을 매매하듯이 불편하게 만들 필요가 있다.

모든 투자에서 돈은 머리로 버는 것이라 아니라 엉덩이로 번다는 사실을 잘 기억하자.

불패 신화는 없다

재테크가 점점 어려워지고 있다. 은행금리는 너무 낮아 투자로서의 매력을 잃었고 주식투자를 하자니 아는 게 없어 무섭다. 남들이 많이 한다는 펀드투자는 한때 재미도 봤지만 다시 손실을 보고 있다. 사정이 이렇다 보니 아직도 많은 사람들이 부동산투자를 최고의 재테크 수단으로 꼽는다. 그렇다면 부동산투자가 최고의 재테크 수단으로 역할을 지속할 수 있을까?

우리 부모님 세대는 부동산투자를 통해서 부를 축적했다.

월세나 전세로 결혼생활을 시작해서 목돈이 마련되면 집을 샀다. 또, 다시 넓은 집으로 이사하고 여윳돈이 생기면 땅을 샀다. 몇십 년이 지나 이렇게 투자한 땅이나 건물의 값이 올라 부자가 된 사람들이 많다. 이때, 부동산투자를 하지 않고 열심히 저축만 한 사람은 부를 크게 축적하지 못했다. 그렇다면 앞으로는 어떻게 해야 부자가 될 수 있을까? 우리 부모님 세대처럼 돈을 모아 땅이나 건물에 투자해야 할까? 이미 재테크의 고수라 할 수 있는 부자들은 부동산의 비중을 더 늘리지 않은 지 오래다. 오히려 기존에 보유하고 있는 부동산의 비중을 줄이기 시작했다.

세계경제의 강국인 일본은 20년 전 부동산 거품이 꺼지면서 장기침체에 빠졌고 세계 최강대국인 미국은 2008년 부동산시장 붕괴로 금융위기의 직격탄을 맞았다.

이는 결코 우연한 일이 아니다.

일본의 최고 전성기는 청일전쟁과 러일전쟁에서 승리하고 세계 1차 대전이 끝나는 1920년대에서부터 1930년대였다. 이때 태어난 베이비붐 세대들이 2차 세계대전에서 패하고 원자폭탄에 잿더미가 된 일본을 재건하여 경제대국으로 빠르게 성장시켰다.

그 당시 20~30대였던 베이비붐 세대들이 사회에서 은퇴하게 되는 1985년부터 그동안 하늘 높은 줄 모르고 치솟던 일본 부동산시장의 버블이 꺼지면서 가격이 폭락하자 일본의 경제는 장기침체에 빠져 들었다.

미국은 세계 2차 대전을 승리로 이끌면서 명실공히 세계 최강대국이 된다. 그리고 1945년부터 1960년까지 베이비붐이 일어난다.

이때 태어난 사람이 미국 인구의 29%를 차지하면서 미국사회의 신 주도층이 되었다. 베이비붐 세대들이 태어나서 성장하고 결혼하여 자녀를 키우는 동안 부동산 경기는 호황이었다.

이들 베이비붐 세대들이 자녀를 출가시키고 은퇴를 하고 노년을 맞이하면서 더 이상 두 노부부에게 큰 집이 필요 없게 되었다. 오히려 그들은 소유하고 있는 큰 집을 처분해 작은 집으로 이사하기를 원했다. 그러나 베이비붐 세대 이후에는 출산율이 떨어져서 집을 살 사람은 적고 팔려고 내놓은 집은 넘쳐나자 부동산시장에서 수요와 공급의 균형이 깨지면서 가격이 급락했다. 대출을 받아 주택을 산 사람들이 큰 빚을 지게 되었다. 15년 전 일본이 밟았던 전철을 미국이 그대로 밟게 된 것이다.

우리 나라는 그동안 '부동산 불패신화'를 자랑하고 있고 지금도 부동산이 가장 안전한 최고의 재테크라고 생각하는 사람들이 많다. 우리 나라는 1955년부터 1963년 사이에서 태어난 사람들이 베이비붐 세대를 이루고 있다. 이들은 지금 50대로 우리 나라를 이끌고 있는 주도층들이다. 이들은 아직 자녀를 양육하고 있고 더 큰 집으로 이사하는 것을 원하고 있으나 문제는 이들이 은퇴하는 시기이다. 이때가 되면 부동산시장이 침체되면서 부동산 가격이 급락하고 더 이상 집이나 부동산이 부의 잣대가 될 수 없을 것이다. 이미 이러한 고통을 겪은 일본과 미국이 이를 증명하고 있다.

지금까지는 모든 사람들이 결혼생활을 시작하면서 집을 마련하는 것이 가장 중요한 관심사였으나 10년 후에 우리 자식들은 집이 남아도는 세상에 살게 될 것이다. 미분양아파트가 속출하고 건설회사는 도산하는데 오늘도 열심히 아파트를 짓고 있다. 우리 나라 출산율이 세계최저 수준이라는 사실을 이들은 아는 걸까?

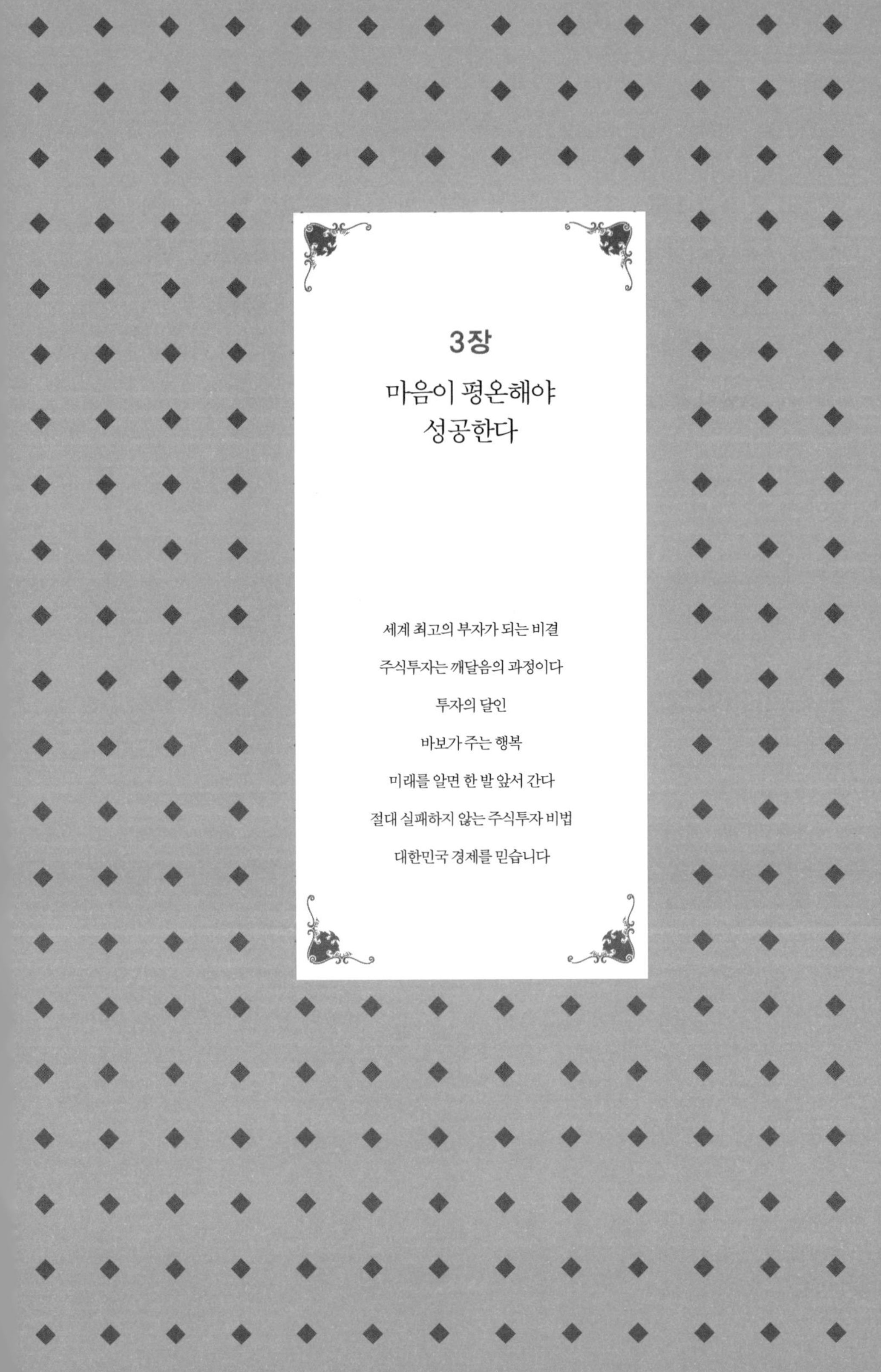
3장

마음이 평온해야
성공한다

세계 최고의 부자가 되는 비결

주식투자는 깨달음의 과정이다

투자의 달인

바보가 주는 행복

미래를 알면 한 발 앞서 간다

절대 실패하지 않는 주식투자 비법

대한민국 경제를 믿습니다

세계 최고의
부자가 되는 비결

매년 세계 최고의 부자와 그 순위가 발표된다. 세계에서 최고 부자는 지난 10년간 빌 게이츠와 워렌 버핏이 앞서거니 뒤서거니 하면서 1, 2위를 다투고 있다. 최근에는 이들 외에도 몇 명이 더 늘기는 했으나 여전히 사람들은 이 두 사람을 세계의 최고 부자라 생각한다. 그들이 가진 천문학적인 돈도 돈이지만 자신들의 재산을 기부하여 사회에 다시 돌려주고 있기 때문이다.

워렌 버핏은 15살 때부터 70여 년을 투자만 했다. 그는 투자사업 하나로 부자가 되었다. 어떤 사람이 워렌 버핏에게 어떻게 해서 세계최고의 부자가 될 수 있었는지 물었다.

"나는 눈을 뭉쳤습니다. 그리고 그 눈뭉치를 들고 가장 높은 산으로 올라가서 그 눈을 굴렸습니다. 그것이 내가 한 일의 전부입니다."

투자로 세계최고의 부자가 된 사람의 비법치고는 너무도 단순하다. 그러나 워렌 버핏이 한 말을 곰곰이 생각해보면 그 말 속에 엄청난 비밀이 숨어 있다.

그가 말한 눈뭉치는 종잣돈이다.

처음 투자를 하는 사람에게는 여유 있게 투자할 수 있는 종잣돈을 만드는 일이 가장 우선이고 중요하다.

가장 높은 산이란 오랜 투자기간을 의미한다.

워렌 버핏은 작은 언덕이나 낮은 산이 아니라 가장 높은 산에 올랐다. 투자를 하다보면 장기투자가 얼마나 힘든지 잘 알게 된다. 실제로 워렌 버핏은 코카콜라나 디즈니랜드 등의 주식을 30~40년 넘게 보유하고 있다. 우리 나라의 POSCO 역시 10년 전에 8만 원에서 9만 원 할 때 사서 지금까지 보유하고 있다. 워렌 버핏이 POSCO 주식에 투자하여 벌어들인 돈만 1조 5천억 원이 넘는다.

마지막으로 가장 높은 산에서 눈뭉치를 굴렸다는 것이다.

작은 눈뭉치는 점점 시간이 갈수록 커져 순식간에 집채 만해진다. 이것이 바로 '복리효과'다. 처음 1억 원의 종잣돈이 3억, 5억, 10억이 되기까지는 오랜 시간이 걸리지만 점점 시간이 지날수록 한 바퀴만 굴러도 100억, 1,000억이 되는 것이다. 워렌 버핏이 전 세계적으로 명성을 얻은 것은 불과 20여 년 전이다. 그때는 그가 투자를 시작한 지 40년이 흐른 뒤였다.

전 세계의 거의 모든 컴퓨터 사용자가 빌 게이츠의 고객이라는 사실은 알지만 코카콜라 한 병을 마실 때마다 그 돈의 일부가 워렌 버핏의 주머니에 들어가는 것은 잘 모른다. 부모가 아이의 손을 잡고 디즈니랜드에 갈 때, 철강회사인 POSCO가 전 세계에 제품을 수출해서 매출을 올릴 때마다 워렌 버핏 역시 점점 더 큰 부자가 된다.

지금부터 눈을 뭉치자! 그리고 뭉친 눈을 가지고 가장 높은 산에 오르자! 중간에 멈추고 싶은 유혹일랑 두 눈 꼭 감고 이겨내자! 다리가 아파 쉬고 싶어도 조금 더 기운을 내서 가장 높은 산의 정상에 오르자! 그리고 이제 그 눈뭉치를 아래를 향해 굴리자! 그리고 풍요롭고 여유 있는 노후를 즐기자.

주식투자는
깨달음의 과정이다

모든 투자자는 주식투자 성공비법을 배워서 주식과 펀드투자의 고수가 되고, 투자 달인이 되어 많은 돈을 벌기를 희망한다.

나는 그동안 많은 고객들과 주식, 펀드, 선물, 옵션투자를 했다. 크게 벌어도 보았고, 크게 깨져도 보았다. 그리고 10년이 지난 지금에서야 주식시장을 조금은 알 것 같다. 더 이상 시장에 끌려 다니지 않고 시장을 보면서 강약과 완급을 가늠할 수 있다. 또 어느 종목의 주식을 보면 그 주식의 상태가 어떤지 감이 온다.

주식시장은 참 오묘해서 가까이 다가가려고 하면 할수록 더욱 멀게 느껴지고, 쉽고 만만해 보이다가도 순식간에 무서운 얼굴로 변해 달려든다.

'불가근불가원(不可近不可遠)'

지나치게 시장에 다가서려고 하지 말아야 한다. 무진장 뜨겁다. 반대로 시장에서 너무 멀리 떨어져도 안 된다. 혹독하게 춥다. 시장과 늘 일정한 거리를 유지하는 것이 중요하다. 투자를 조급하게 해선 안 된다.

인생은 마라톤이다. 투자도 마라톤이다.

마라톤과 단거리는 달리는 방법이 다르다. 주식투자를 하는 사람들은 42,195km를 자기 페이스로 달려야 하는데 100m 달리듯 최선을 다해 죽자 살자 뛴다. 그리고 얼마 후 제풀에 지쳐 스스로 쓰러진다.

주식시장은 자본주의가 존재하는 한 영원히 열린다. 길게 보고, 멀리 보고 크게 생각해야 한다.

투자의 세계에서 성공한 사람들이 쓴 글이나 책, 인터뷰 기사 등 자료를 열심히 모으고 공부하다보면 모든 성공투자자가 강조하는 몇 가지 공통점을 발견할 수 있다.

첫째, 공부하라. 내가 알아야 투자에 성공할 수 있다.

둘째, 여유자금으로 투자하라. 여유자금이 아니면 투자가 아닌 투기가 되고 실패한다.

셋째, 투자원칙을 세워라. 투자원칙이 없으면 천 개의 얼굴을 지닌 주식시장에서 우왕좌왕하다 길을 잃고 죽는다.

넷째, 세운 투자원칙을 꼭 지켜라. 목숨 걸고 지켜라. 사람들은 투자원칙을 잘 세우는데 정작 실제로 투자를 할 때는 수많은 변칙 투자를 한다.

투자에 실패한 사람들은 잘못됐다는 것을 알면서도 여전히 혹시나 하고 오늘도 어제와 같은 방법으로 투자를 한다. 공부하지 않고, 여유자금이 아닌 급한 돈으로, 투자원칙도 없이 사고판다.

주식투자는 시장과의 싸움이 아니라 결국에는 나 자신과의 싸움이다. 투자는 도를 닦는 것이다. 득도할 때까지 정진을 멈추어서는 안 된다. 끊임없이 나를 성찰하고 변화시켜야 한다.

투자의 달인

TV에서 방영하는 '생활의 달인'이라는 프로그램을 나는 좋아한다. 다양한 분야의 많은 사람들이 상상할 수 없는 능력을 발휘하여 시청자를 깜짝깜짝 놀라게 한다.

달인들의 직업은 모두 다르지만 그들은 자기의 일을 사랑하고 즐긴다는 공통점을 갖고있다. 그들에게는 남다른 자부심과 열정이 있다. 열정적으로 일하다 보니 일이 재밌고, 재미있게 일하니 당연히 남들보다 뛰어난 성과를 내서 주위로부터 최고라는 인정을 받는다.

생활의 달인들이 하는 일을 자세히 보면 그들의 직업이 우리 사회에서 존경받거나 선호하는 좋은 직업이기보다는 단순작업이거나 어렵고 힘들어서 사람들이 기피하는 업종이 많다. 이 프로는 세상 일을 내가 어떻게 마음먹고, 어떤 자세로 일하느냐가 얼마나 중요한지 평범한 진리를 깨닫게 한다.

투자 역시 마찬가지다. 도박이나 투기를 하는 심정으로 대박주식을 찾아다니고, 성급한 투자로 고통받는 사람이 있는가 하면 건전한 투자를 하면서 투자 자체를 즐기고 좋은 성과를 얻는 사람이 있다. 이왕이면 올바른 투자마인드로 좋은 성과를 내는 '투자의 달인'이 되어야 하지 않겠는가.

투자의 속성을 아는 달인

50대 중반의 남자가 주식투자를 위해 나를 찾아왔다. 그는 수십억의 자산을 가진 재력가였는데 주식투자를 막 시작하려는 참이었다.

"사업과 부동산투자로 이미 큰 부를 이루셨는데 왜 늦게 낯설고 위험한 주식투자를 하려고 하세요?"

"이제는 부동산투자로 돈 벌기가 힘들어요."

"아직도 많은 사람이 부동산투자를 선호하는데 왜 부동산시장 전망을 어둡게 보세요?"

"세원이 투명해져 세금을 정확히 내야 됩니다. 과거 부동산거래에서 제대로 세금을 내는 사람이 거의 없었다는 점을 감안하면 그만큼 투자매력이 떨어진다는 뜻이죠. 그리고 우리 나라 출산율이 세계최저입니다. 지금까지는 집을 사기 어려웠고 집을 사면 올랐지만, 앞으로 10년 후에는 집을 사려는 사람보다 팔려는 사람이 많을 겁니다. 당연히 집값은 많이 떨어지겠죠."

"그러면 주식투자를 어떻게 할 계획이세요?"

"앞으로 3~5년 후에 전망이 좋다고 판단하는 회사를 5개 정도 추천해주세요. 그중에서 제가 3개 정도를 선택하겠습니다. 단 조건이 있습니다. 가격이 너무 싼 주식은 피하고 최근 1~2년 사이에 주가가 내린 주식보다 오른 주식으로 추천해주세요."

"싼 주식은 위험하기 때문에 제외하신다는 점에서 이해가 되는데 최근에 오른 주식은 왜 사려고 하지요? 많은 사람들은 주가가 떨어진 주식을 사려고 하는데요?"

"지난 수십 년간 부동산투자를 해보니 값이 싸다고 해서 산 땅은 별로 오르지 못했고 팔려고 내놔도 제때 팔리지 않았습니다. 반대로 가격이 비싼 부동산이라도 입지가 좋고 전망이 밝다고 생각해 산 땅은 나중에 훨씬 많이 올랐고 원하는 때에 언제고 팔 수 있었지요. 그동안 땅값이 가장 많이 오른 곳은 땅값이 싼 시골이 아니라 가장 비싼 서울 그것도 강남이었습니다. 주식시장도 부동산시장과 크게 다르지 않을 것이라 생각합니다."

나는 이 고객과의 대화를 통해 두 가지 사실에 놀랐다.

첫째, 인구변화에 따라 투자 대상을 부동산에서 주식시장으로 바꾸려 한다는 점이다.

인구통계학과 경제는 밀접한 관계가 있다. 일본이 10년 넘게 부동산 버블로 고생을 했고, 미국이 2008년에 부동산시장의 붕괴로 경기가 침체되면서 세계경제는 위기에 처했다. 이 위기의 근본원인 중 하나가 베이비붐 세대의 은퇴이다.

둘째, 주식투자에 대해 정확히 이해하고 있었다는 점이다.

비록 주식투자는 처음이지만 그는 오랜 기간 동안 부동산투자를 통해서 투자의 속성을 꿰뚫고 있었다. 그 후 그는 주식투자를 남들보다 쉽게 접근했고, 큰 수익을 올렸다. 지금도 계속 투자를 하고 있으며 결과도 훌륭하다. 하나를 보면 열을 알 수 있다는 말은 투자의 세계에서도 예외가 아닌 듯하다.

예지능력과 인내심의 달인

공주대학교와 연계하여 연기군 공무원들과 지역주민들을 대상으로 '주식·펀드 실전투자전략'이라는 재테크 강좌를 한 학기동안 진행하였다. 약 40명 정도 되는 수강생들의 학습 열기가 매우 뜨거워 재미있고 유익한 시간이었다. 종강하는 날, 참석자들은 그동안 재테크를 하면서 있었던 성공담과 실패담을 이야기하면서 서로의 경험을 공유했다.

한참 분위기가 무르익을 무렵, 50대 초반의 한 공무원이 자신의 퇴직한 선배는 삼성전자 주식을 수천 주 보유하고 있다고 했다. 나는 그 말을 듣고 깜짝 놀랐다. 삼성전자는 누구나 알고 있는 대한민국을 대표하는 주식으로 1주당 가격이 100만 원이 넘는다. 1천 주이면 10억, 2천 주이면 20억, 3천 주이면 30억이다. 나는 평범한 공무원이 어떻게 엄청난 성공을 거둘 수 있었는지 궁금했다.

그는 25년 전부터 매달 월급을 받으면 1/3 정도는 항상 삼성전자 주식을 샀다고 한다. 그의 재테크 전략은 오로지 '삼성전자' 주식을 사 모으는 일이었다.

그에게는 삼성전자 주식을 사기 시작한 계기가 있었다. 삼성전자에서 산 TV에 문제가 생겨 AS를 신청했는데 너무도 친절하고 신속한 서비스에 감동을 받고 이 정도 서비스를 하는 회사라면 틀림없이 우리 나라에서 최고의 기업이 될 것이라는 믿음을 가졌다. 그때부터 그는 삼성전자 주식을 사 모으기 시작했다.

25년 전 삼성전자 주가는 1만 원 정도였다. 그는 이때부터 매월 주식을 사 모으고 유상증자, 무상증자를 받고 배당을 받으면 또 삼성전자 주식을 사면서 꾸준히 장기투자를 했다.

나는 이 말을 듣고 놀라지 않을 수 없었다. 25년이라는 긴 시간 동안 수많은 상승과 하락, 환희와 절망이 교차했을 텐데 어떻게 흔들리지 않고 견딜 수 있었을까? 흔히 삼성전자는 주가가 꾸준히 상승했을 것이라고 생각하기 쉬우나 삼성전자도 그 기간 동안 수없이 급등과 급락을 반복했다. 고점 대비 50% 이상 빠진 적도 여러 번 있었다. 어떻게 그러한 과정을 버텨낼 수 있었는지 궁금했다.

대다수의 투자자들은 한 종목의 주식을 사 모아야겠다고 결심을 하지만 그 주식이 처음 가격보다 많이 오르면 대부분 더 이상 사지 못한다. 사기는커녕 기존에 가지고 있는 주식마저 대부분 판다. 그가 처음에 몇 만원에 샀는지는 모르겠지만 30만 원, 40만 원, 50만 원까지 올랐음에도 꾸준히 처음 계획대로 밀고 나갈 수 있었던 저력이 대단한 느낌으로 다가왔다.

또한 AS라는 기업의 평범한 활동을 통해서 그 회사의 미래성장 가능성을 볼 수 있는 예지능력에 감탄할 수밖에 없었다. 아주 사소한 일에서 투자의 핵심 포인트를 잡아내는 능력은 모든 성공투자자의 공통된 특징 중 하나이다. 이 분이야 말로 평범한 사람도 투자에 성공할 수 있다는 사실을 보여 준 산 증인이었다.

나에게 맞는 매매방법을 찾은 달인

2001년 SK증권 대전지점에서 처음으로 '선물/옵션 실전투자전략'이라는 강좌를 진행할 때 약 30~40명 정도의 사람들이 강의를 들었다. 그 중에 유독 젊은 남자가 한 명 있었다. 그는 대학을 졸업한 후, 전업투자자 생활을 시작했는데 IMF 이후 급등하던 증시가 2000년에 급락하자 주식투자의 한계를 느끼고 그 대안으로 선물/

옵션을 배우기 위해 강좌에 참여했다.

그는 몇천만 원으로 주식투자를 하고 있었고 선물/옵션 투자를 배워 선물투자를 시작했다. 하지만 선물투자 역시 뚜렷한 성과를 보지 못하면서 우리는 서로 연락이 끊겼다. 그리고 5년 정도 시간이 지난 어느 날 이 친구가 양손에 과일 상자를 들고 나의 근무지를 불쑥 찾아왔다.

차를 마시며 그동안 그에게 있었던 일을 들을 수 있었다.

그는 주식투자와 선물투자로 고전하다가 얼마 남지 않은 돈을 코스닥 한 종목에 '몰빵'을 했는데 그 회사가 부도가 나서 쫄딱 망했다고 한다. '이젠 모든 게 끝났다!'라고 생각했는데 천만다행으로 정리매매기간에 얼마의 돈을 건질 수 있었다고 한다.

그 후, 그는 도서관을 2년 정도 다니며 경제신문과 각종 일간지, 경제지를 보면서 투자관련 공부를 했다. 그리고 다시 얼마의 돈으로 주식투자를 시작했다. 오랜 기간의 공부와 자기수련으로 손실은 나지 않았지만 수익 없는 상황이 6개월 정도 이어졌다. 이때가 그에게 가장 고통스러운 시기였는데 이 시기가 지나고 나자 조금씩 수익이 나기 시작했다. 그는 주식시장의 큰 흐름을 꿰뚫고 시장을 이기는 자신만의 투자방법과 투자원칙을 깨달았다.

그 후, 그는 국내 여러 증권사에서 개최하는 투자수익률게임대회에 참가해서 1등을 휩쓸었다. 매년 10개 정도 투자수익률게임대회에 참가해서 5~6번의 1등과 2~3번의 2~3등을 하는 절대고수의 경지에 올랐다.

주식투자 규모가 30~40억 원을 넘어서자 이제는 주식만으로는 한계상황을 느껴 다시 선물/옵션 투자를 할까 고민하다가 나를 찾아온 것이다.

나는 그에게 충남대학교 평생교육원에 와서 특강을 해달라고 부탁했고 그는 기꺼이 수락했다. 특강을 위해 온 그는 최근 3년간의 '근로소득 원천징수영수증'과 증권사 투자수익률게임대회에서 1등한 상장과 사진을 가지고 왔다. 그는 전업투자자이기 때문에 세금을 별도로 낼 일이 없지만 투자수익률게임대회에서 상금을 받으면 세금을 내야 한다. 매년 상금을 받으며 낸 세금이 수천만 원이 넘었다. 이는 투자 상금만 억대가 훌쩍 넘는다는 것을 의미한다. 그러나 이제는 더 이상 투자수익률게임대회에 참가하지 않는다고 한다.

그는 처음 투자를 시작할 때부터 지금까지 매일 투자일지를 쓰고 있었다. 10권 정도 가져온 투자노트를 보여주면서 자신만의 투자성공비법과 그동안의 실패와 도전, 노력의 과정을 설명했다. 저렇게 열심히 노력하고도 성공하지 못했다면 그게 더 이상할 정도였다.

"저는 전업투자자입니다. 데이트레이더도 아니고 하루에 수십 번, 수백 번 매매를 하는 스켈퍼입니다. 저는 매매 감각을 유지하는 것이 매우 중요하기 때문에 술을 마시지 않습니다. 담배를 피우지 않습니다. 커피도 마시지 않습니다. 약도 먹지 않습니다. 핸드폰 통화는 가급적 하지 않고 통화를 하더라도 거리를 두고 통화합니다. 최대한 예민한 동물적 감각을 유지해야 시장을 이길 수 있기 때문입니다.”

자금관리나 매매기법, 시장분석과 종목선정방법 등 실전투자의 대가가 하는 말 한마디 한마디가 가슴에 와 닿았다.

주식투자에 성공하는 방법은 수없이 많다.

스켈퍼 트레이딩으로 성공하는 사람도 있고, 데이 트레이딩이나 스윙매매 등 단기매매로 성공하는 사람도 있다. 이와 반대로 가치투자나 장기투자로 성공하는 사람도 있다. 정답은 없다. 나에게 가장 잘 맞는 매매방법을 찾아 그대로 실천하는 것이 최고다.

바보가 주는 행복

 2009년 2월 김수환 추기경께서 선종하셨다.

평생을 가난하고 힘없는 사람들과 함께 하며 이 땅의 민주화를 위해 노력하시고 국민들에게 큰 존경을 받던 분이었다. 세상을 떠나면서까지 장기기증을 통해 마지막 사랑을 실천하셨다. 명동성당에 끊임없이 늘어선 추모 행렬은 그분의 삶이 어떠했는지 증명하고 있었다.

2009년 5월에는 노무현 전 대통령께서 서거하셨다.

권력과 권위보다는 소탈하셨던 서민대통령, 참 많이도 국민을 사랑하셨던 분께서 갑자기 세상을 떠나셨다. 국민장 기간 동안 온 국민이 슬퍼했다. 떠나고 나서 새삼 소중함을 안 우리는 뒤늦은 회한의 눈물을 흘렸다.

이 두 분은 공통점이 많다. 높은 지위에서 권위와 대접을 바란 것이 아니라 스스로 아래로 내려와 많은 이와 함께 하기를 좋아했다. 그래서 우리는 이들을 '바보'라고 부른다.

바보가 세상을 울렸다. 바보가 세상에 따뜻한 사랑을 알렸다.

자전거를 타다가 사고가 난 후, 8개월 동안 쳐다보지도 않던 자전거를 타고 시내로 사람을 만나러 갔다. 한 시간 정도 미팅을 하고 나오니 자전거 앞바퀴에 바람이 다 빠져 있었다. 자전거 수리점을 찾아갔더니 70세 정도의 노부부가 가게를 운영하고 있었다. 할아버지는 자전거 바퀴를 뜯으면 비용을 받아야 하니 바람을 넣어 다시 타보고 그래도 바람이 빠지면 그때 다시 오란다.

두 번째 약속장소로 이동해서 점심을 먹고 나와 보니 이번에도 자전거 바퀴에 바람이 빠져 있었다. 자전거수리점을 물어 찾아간 곳은 모터 가게였다. 아저씨는 자전거를 살펴보더니 '무시'라는 고무가 녹았다며 마침 아들이 자전거를 타기 때문에 예비로 가지고 있는 것이 있다며 교환을 해주었다. 얼마를 드려야 하는지 물었더니 그냥 가란다.

집에 돌아오는 길에 혹시나 하는 마음에 바퀴의 공기를 체크해보았다. 역시 바람이 많이 빠져 있었다. 확실히 펑크가 난 것이 맞구나 생각하고 자전거수리점을 찾아갔다. 아주머니께서 능숙한 솜씨로 바퀴를 분해해서 고무튜브를 물에 넣고 두세 번이나 점검을 해 보았지만 이상이 없었다. 아주머니는 다시 바퀴를 조립하고 바람을 넣어 주었다. 그런데 이 아주머니도 돈을 받지 않으시는 것이 아닌가? 다음에 문제가 생기면 그때 와서 고치고 돈 내라며 내 등을 떠밀었다.

나는 그 날, 세 명의 바보를 만났다.

바퀴에 바람만 넣어주고 그냥 보낸 할아버지, '여기는 자전거 수리점이 아닙니다.'라고 한마디 하면 편했을 텐데 직접 나와서 꼼꼼히 살피고 고쳐 주신 모터 가게 아저씨, 자전거 바퀴를 분해해서 세숫대야 물에 튜브를 넣고 몇 번이나 돌려보고도 나의 등을 떠민 아주머니, 모두 다 바보였다.

집에 오는 동안 나는 무척 행복했다. 5천 원, 만 원을 아낀 기쁨이 아니라 우리가 사는 사회에 아직도 이런 바보들이 많다는 사실이 한없이 고맙고 따뜻했다.

주식투자를 하면서 오를 줄 알고 산 주식이 계속 떨어지면 참 속상하다. 조금만 있다 살걸, 이 주식은 사지 말았어야 했는데 하고 후회한다. 그러나 내가 산 주식이 떨어질 때보다 더 속상한 경우가 있다. 내가 판 주식이 무섭게 오를 때이다. 손해를 보고 팔았을 때는 말할 것도 없고 이익을 보고 팔았어도 매우 속이 쓰리다. 이익이나 손해보다는 내가 놓친 대박주식을 누군가 얼른 사서 큰 수익을 내고 있다는 사실에 배가 아픈 것이다. 이 세상에 돈 벌기 싫은 사람 없고, 내 돈 잃고 속 좋은 사람 없다. 대개의 사람들은 자기 자신을 탓하거나 남을 원망한다.

그러나 내가 주식을 사자마자 주가가 오르거나, 반대로 주식을 팔자마자 떨어지는 경우에는 어떨까? 이때는 정말 기분이 끝내준다. 기가 막히게 매수타이밍을 잡아 저점에서 주식을 잘 샀고 절묘한 매도시점을 놓치지 않고 고점에서 이익을 실현한 후 하염없이 하락하는 주식을 보면서 희열을 느낀다. '음~ 역시, 난 투자의 고수야!'라고 자화자찬한다.

그렇지만 조금만 더 생각해 보면 내가 아주 싼 가격에 매수를 잘 해서 수익이 났다는 것은 누군가에게는 팔고 나자마자 주가가 오르는 가슴 아픈 일이다. 내가 아주 비싼 가격에 잘 팔아 이익을 실현하고 내 생각대로 주가가 하락한다면 이때 내 주식을 고점에서 산 누군가는 주식을 사자마자 주가가 급락하여 심하게 마음고생을 하고 있다는 것이다.

이제부터는 내 손실에 아파하기보다는 나한테 주식을 고가에 잘 팔고서 좋아할 사람을 한번 생각해보자. 내 주식을 싼 가격에 사고서 행복해 하는 사람을 축하해주자.

이렇게 여유로운 마음을 갖다보면 조급함으로 인한 실수를 줄일 수 있다. 내가 주식을 사고 주가가 많이 오르면 모두 내가 잘해서

된 일이라 자만하지 말고 나에게 싼 가격에 주식을 팔고 나서 크게 상심하고 있을 누군가를 기억해주자,

실제 투자를 하다보면 말처럼 쉬운 일은 아니다. 평범한 사람에게 갑자기 성인군자가 되라니 이 어찌 쉬운 일이겠는가? 그러나 투자를 한두 번 하고 말 것이 아니라면 매 순간순간마다 신속하고 올바른 의사결정을 하기 위해서 항상 여유롭고 편안한 마음으로 투자 자체를 즐겨야 한다.

투자를 할 때는 바보가 되자.

짧게 보면 '바보'는 늘 손해를 보지만 길게 보면 지금의 손해가 나중에 큰 복이 되는 경우가 많다. 부산시장 선거와 국회의원 선거에서 연거푸 낙선한 노무현이 대통령이 될 줄 누가 알았겠는가? 결국 소신 있고 우직한 바보가 이기는 것이 세상의 이치다.

맛있는 롤 케이크를 세 개 사서 이 가게를 찾아갈 것이다. 오늘은 내가 바보가 되는 날이다.

하늘나라에서 김수환 추기경님과 노무현 전 대통령께서 이제 막 새내기 바보로 살아가려는 날 보고 계실 것을 생각하니 참 행복하다.

'하느님! 제가 늘 바보로 살 수 있도록 용기와 힘을 주소서!'

미래를 알면
한 발 앞서 간다

학창시절 예비역 형들과 술을 마시다 밤늦게 술이 떨어지면 술을 사오는 일은 막내인 나의 몫이었다. 문제는 밤 12시가 넘으면 문을 연 가게가 없어 술을 사려면 한참을 헤매고 다녀야 했다. 몇 년이 지나자 골목골목마다 24시간 편의점이 생겨서 이제는 새벽에 나가도 언제든지 원하는 물건을 살 수 있게 되었다.

백화점은 아침 9시가 넘어서 문을 열고 저녁 9시가 되기도 전에 문을 닫는다. 직장인이나 맞벌이 부부는 백화점에서 물건을 사려면 점심시간에 서둘러 가거나 복잡한 주말에 갈 수밖에 없다. 왜 모든 백화점이 가장 비싼 땅에 엄청나게 큰 건물을 짓고, 수많은 상품을 쌓아 놓고도 제한된 영업을 할까? 요즘에는 맞벌이 부부가 많기 때문에 영업시간을 다르게 한다면 좀 더 효과적일 텐데 하고 의문을 가지곤 했었다.

그런데 최근에는 백화점도 영업시간에 변화를 주고 있다. 내가 10년, 15년 전에 혼자서 생각했던 일들이 현실로 이루어지는 것을 보면 묘한 기분이 든다. 내가 한 생각이 터무니없는 것이 아니라 맞았다는 뿌듯한 기분이 든다.

투자를 하는 사람에게 미래를 예측할 줄 아는 능력은 매우 중요하다.

우리 국민 대다수가 핸드폰을 가지면서 SKT 주가가 10배 올랐고, 각 가정에 컴퓨터가 보급되면서 컴퓨터 만드는 회사 주가는 10배 올랐다. 집집마다 차를 한두 대씩 소유하면서 현대차, 기아차의 주가는 10배 이상 올랐다. 삼성전자 역시 마찬가지다. 만약 10년 전에 게임 산업이 앞으로 엄청나게 성장할 것을 남들보다 미리 예측하고 엔씨소프트 주식에 1억을 투자했다면 지금쯤 백억이 넘는 돈을 벌었을 것이다. 인터넷 세상을 예견하고 NHN을 10년 전에 샀다면 역시 수십 배의 수익을 올릴 수 있었다.

중요한 것은 세상은 계속 변하고 변화의 속도는 점점 더 빨라진다는 것이다. 수많은 히트상품이 쏟아지고 지금은 상상하기조차 힘든 새로운 세상이 펼쳐지면서 다른 사람보다 조금 더 일찍 예견하고 남들보다 한 발 앞서 투자하는 사람은 엄청난 부의 기회를 잡을 수 있다.

많은 회사가 없어진다

지금까지 회사는 수익을 창출하기 위해 사무실과 인력을 운용했지만 앞으로 이런 회사는 고비용 저효율로 존재하기 힘든 세상이 될 것이다. 정보통신 기술의 발달은 많은 사람들이 특정한 곳에서 함께 일해야 할 필요성을 급격하게 줄여놓을 것이다.

비싼 임대료를 주고 사무실을 운용할 필요가 없다.

사무실을 얻게 되면 많은 부대비용이 추가로 발생한다. 휴대가 가능한 태블릿 PC나 진화된 노트북 하나만 지니고 있으면 내가 있는 곳이 곧 사무실이 된다. 차에 작은 가방 하나 넣고 전국을 무대로 고객을 개척하러 다닐 수 있다. 지점이나 영업소 형태의 조직은 조만간에 없어지고 최소한의 본사와 콜센터 정도만 존재할 수도 있다. 사람이 하는 일을 이제는 인터넷과 트위터, 페이스북 등 진화한 소셜네트워크가 대신하고 있다.

회사는 그만큼 비용이 줄어 효율성을 높일 수 있다.

사람들은 재택근무나 조그만 개인 사무실을 운영하고 회사는 매우 느슨한 형태의 공동체로 변할 것이다. 지금은 좋은 회사에 들어가기 위해 스펙과 졸업장을 만들기 위해 엄청난 돈과 노력을 쏟아붓는다. 앞으로 지식이 아닌 가슴으로 사는 사람이 잘사는 세상이 될 것이다.

물론 서비스업이 아닌 제조업은 기계와 장비, 원자재와 재료가 필요한 장치산업이기 때문에 앞으로도 일정한 곳에 모여서 일해야 하는, 함께 작업해야 효용성이 나오는 조직은 유지될 것이지만 장치산업을 제외한 나머지 산업은 매우 느슨한 형태로 명목상의 회사로 존재하게 될 것이다.

⫶ 영업과 업무 경계가 없어진다

얼마 전까지만 해도 가전제품을 사려면 삼성전자, LG전자, 대우전자의 대리점을 둘러보고 구입할 물건을 결정하면 해당제품을 판매하는 대리점에서 상품을 구매했다.

불과 15년 전만 해도 전자제품 대리점 체계가 이렇게 빨리 붕괴되리라고 생각한 사람은 거의 없었다. 수십 년간 강력한 유통채널로 자리매김하여 시장을 이끌었기 때문이다. 기존 대리점주의 기득권과 반발 때문에 여러 회사 제품을 한 곳에 모아놓고 판매하는 것은 상상하기가 힘들었다. 그러나 지금의 소비자들은 하이마트나 대형전자상가, 인터넷 등을 통해서 제품을 구매한다.

지금의 직장인들은 특정 회사의 구성원이 되면 자기가 속한 회사의 제품만 판매한다. 증권사에 근무하면 주식과 펀드 등 금융상품을 팔고, 은행에 근무하면 예금과 적금, 대출, 그리고 펀드와 금융상품을 판다. 보험회사는 보험과 펀드를 판다.

그러나 자본시장통합법이 시행되면서 점차 은행과 보험, 증권사의 업무영역이 무너지고 있다. 앞으로는 증권사에 근무하는 사람이 자동차와 보험을 팔고 자동차를 파는 사람이 펀드와 금융상품을 팔고, 휴대폰을 파는 사람이 유기농 농산물이나 지역특산품 등 자신이 원하는 것은 모두 파는 세상이 될 것이다.

누구나 일정 자격조건을 갖추면 자신의 네트워크를 활용해서 원하는 모든 상품과 서비스를 동시에 파는 세상이 될 것이다.

회사는 정규직으로 많은 사람이 필요하지 않으니 경비를 줄일 수 있어 좋고, 능력 있는 사람은 한두 개의 한정된 제품과 아이템뿐만 아니라 다양한 상품과 서비스를 판매할 수 있으니 모두에게 좋은 일이 아닐 수 없다. 누가 넓은 네트워크를 갖고 있느냐가 곧 그 사람의 가치와 수입을 결정하는 세상이 올 것이다.

앞으로 점점 더 인맥과 사회적 네트워크의 중요성이 커질 것이다. 소비자 역시 개인이 아닌 단체로 함께 뭉쳐서 원하는 제품을 싼 가격에 사기 위해 더욱 힘을 모을 것이다. 공동으로 행동을 하며 비용을 절감하는 구매 형태가 늘어나고 있는데 이는 앞으로도 계속 다양한 형태로 진화할 것이다.

HT(Healthcare Technology)가 트랜드다

사람의 평균 수명이 늘어나면서 매우 빠른 속도로 고령화 사회가 진행되고 있다. 이에 따라 실버산업과 노인을 대상으로 하는 사업이 발전할 것이라는 생각은 누구나 한다. 하지만 거의 모든 사람들의 생각이 이 정도에서 멈춘다. 조금만 더 깊이 파고들면 엄청난 투자의 기회가 곳곳에 숨어 있다.

미래의 고령자는 과거의 고령자들과 전혀 다르다.

과거의 노인들은 격동기를 거치면서 끼니를 걱정하고 입을 것 못 입고, 먹을 것 못 먹고, 자식을 위해 평생을 헌신하고, 정작 노년에는 자식들의 도움을 받으며 살아야 했다. 그러나 미래의 노인들은 고학력자이자 경제력까지 갖추었다. 국내외 여행을 다니고, 문화 · 레저생활을 즐기고, 1년에 한두 번씩 고가의 건강검진을 받는 멋진 삶을 영위하게 될 것이다.

노인인구가 늘어나면 필연적으로 커질 수밖에 없는 것이 바로 의료시장이다.

그동안은 IT(정보통신), BT(생명공학), NT(나노기술)가 각각 다른 영역이었지만 이제는 정보통신기술과 생명과학 그리고 나노기술이 하나로 통합되어 HT(HealthCare Technology) 세상이 올 것이다.

유비쿼터스와 결합되어 가정과 섬마을, 시골에서도 공간을 뛰어넘어 건강진단과 치료를 받을 수 있고, 과거에 X-ray에서 이제는 CT, MRI 등 훨씬 정밀한 의료기기로 진료를 받는다. 앞으로는 지금보다 수십 배 수백 배 더 진화한 첨단 의료장비들이 쏟아져 나올 것이다.

뿐만 아니라 피 한 방울, 대소변, 모발, 유전자, 체세포조직 만으로도 언제 어떤 질병에 걸릴 것인지 그 가능성을 미리 예측하고 예방하는 수준까지 발전할 것이다. 줄기세포와 인공장기의 발달로 기능이 저하된 장기를 교체함으로써 사람의 수명이 100세 이상이 되는 세상이 올 것이다.

앞으로 HT시장을 선도할 제품과 그 제품을 만들 가능성이 높은 회사가 어디인지 찾아보자. 이 회사가 바로 10년 전의 삼성전자, SKT, 현대차, 엔씨소프트나 NHN이다.

로봇의 시대가올 것이다

중학교에 다닐 때까지 나는 내가 자가용을 몰고 다닐 것이라고는 생각하지 못했다. 이게 불과 30년 전이다. 그러나 지금은 대학생들도 차를 가지고 다니고 한 집에 차가 보통 2대 이상이다. 앞으로 10년, 20년 후 각 가정은 로봇을 한두 대씩 보유하게 될 것이다. 이 로봇은 집을 지켜주는 경비시스템 기능은 물론 노인과 어린이의 건강과 안전을 챙겨주고 아이들 교육을 시켜주는 지능을 갖고 있는 로봇이다. 애완용 로봇 역시 보편화될 것이다.

어느 회사에서 만든 로봇이 각 가정에서 선호하는 로봇이 될 것인지 잘 지켜봐야 한다. 자동차 시장에 버금가거나 오히려 더 큰 시장이 될 것이다. 애플이 스마트폰과 태블릿 PC로 세상을 휩쓸고 있다. 10년 후, 전 세계의 가정에 로봇을 한 대씩 판매하는 회사가 제2의 애플사나 마이크로소프트사가 될 것이다.

전원시대가 열릴 것이다

우리 나라 베이비붐 세대의 은퇴가 앞으로 10년 내에 이루어질 것이다. 이들은 아름답고 깨끗한 자연에 조그만 텃밭을 갖춘 아담한 전원주택을 짓고, 여행을 하면서 여유롭고 편안하게 살고 싶어 한다. 열 중에 일곱 여덟 명은 전원생활을 꿈꾸고 있다. 이 중 30%만 실천한다 해도 세 명이다. 지금은 열 명 중에 한 명 정도가 전원생활을 하고 있다면 적어도 최소 세배 이상 시장이 커지는 것이다. 복잡한 도심에서 벗어나 자연의 품속에서 편안하고 느긋하게 살기를 원하는 사람이 많아질수록 이 분야의 사업이나 시장가치는 점점 더 커질 것이다.

절대 실패하지 않는 주식투자 비법

소박한 마음으로 주식투자를 시작해서 가산을 탕진하고 가정을 풍비박산 내는 사람들이 있다. 주식과 펀드투자도 위험이 크지만 선물이나 옵션 등 파생상품투자를 하는 사람은 불과 1~2개월 만에 모든 것을 잃고 폐인이 되기도 한다.

미국의 다우지수가 1980년대 1,000P에서 1,990년대 10,000P까지 상승하는 동안 미국의 개인투자자는 단지 4%만 수익을 냈다. 잠깐 잠깐은 수익을 냈으나 꾸준하게 오랫동안 수익을 낸 사람은 극소수에 불과했다. 펀드투자 역시 마찬가지이다. 세계에서 가장 수익률이 높은 펀드 역시 지난 10년, 20년 동안 가입한 사람의 절반은 수익을 냈고, 나머지 절반은 손실을 보았다.

증권회사에 근무하는 사람은 고객의 자산을 지키고 늘려야 하는

데 실제 투자의 세계에서는 정말 어렵고 힘든 일이다. 증권회사에서 근무하는 기간이 늘어날수록 '어떻게 하면 절대 실패하지 않고 수익을 낼 수 있을까?' '어떻게 하면 소중한 고객의 자산을 지키고 잘 키워드릴 수 있을까?' 하는 것이 나의 가장 큰 화두였다.

출근길이나 퇴근길, 운전을 하거나 운동을 할 때도 '절대로 실패하지 않는 주식투자 방법은 없을까? 어떻게 하면 절대로 실패하지 않고 성공적인 투자를 할 수 있을까?' 끊임없이 묻고 또 물었다.

끊임없이 인내하고 기다려라

주식시장은 경기변동과 밀접한 관계가 있다. 경기는 불황과 호황을 반복하며 일정한 사이클을 그리면서 순환하지만 주식시장은 시장참여자의 탐욕과 공포로 경기변동보다 몇 배나 더 큰 변동성을 보인다. 경기가 좋을 때는 장밋빛 전망과 투자자의 욕심으로 실제 경기보다 몇 배나 더 주가가 올라간다. 반대로 경기가 나쁠 때는 온갖 부정적이고 비관적인 전망 속에 투자자들은 손실을 견디다 공포에 질려 모든 주식을 팔고 주식시장을 떠난다. 정점이나 저점에서는 더 이상 이성적인 지배를 받지 않고 감정에 의해 급 등락하는 매우 불안한 장이 연출된다.

1997년 IMF금융위기, 2001년 9.11테러, 2006년 중국 긴축재정과 북한 핵실험, 2008년 금융위기, 2011년 유럽 금융위기까지 보통 짧게는 3년에서 5년, 길게는 7~10년마다 엄청난 폭락장세가 출현했다. 이때까지 참고 기다려야 한다.

물론 경제나 주식투자에 대한 공부를 꾸준히 해야 이런 기회를 만날 수 있고, 기회가 왔을때 과감하게 뛰어들 수 있다. 돌이켜 생각해 보면 폭락장은 가장 좋은 투자 기회였다. 그렇다면 그때 나는 무엇을 하고 있었나? 공포에 질려 덜덜 떨고 있다가 나중에서야 좋은 기회였다고 아쉬워하거나 후회를 했다. 그렇다면 앞으로 또 이런 기회가 오면 어떻게 될까? 거의 모든 사람이 예전과 마찬가지로 다시 공포에 휩싸인다. 경기침체와 주식시장의 폭락은 매번 다른 모습으로 다가오기 때문에 이번에는 모두 망하고 죽을 것만 같다.

결정적인 기회를 잡아라

주식시장이 폭락하면 공통적으로 나타나는 몇 가지 징후들이 있다.

첫째, 주식투자에 실패한 개인투자자와 증권사 직원이 목숨을 끊는다. 한 가정의 가장이, 남편이, 성실한 직장동료와 이웃이 주식투자 실패로 극심한 고통을 받고 비관해서 목숨을 끊는다.

증권시장은 '사람의 피를 맛보아야 바닥을 치고 일어난다.'는 말이 그냥 나온 것이 아니다. 이만큼 투자의 세계는 비정하고 차갑다. 때에 따라서는 목숨까지 걸어야 하는 전쟁터와 같다. 이때 주의해야 할 점은 주식투자 실패로 사람이 목숨을 끊는 때가 바닥에 근접한 것이지 선물이나 옵션투자 실패로 목숨을 끊는 것은 바닥이 왔다는 신호가 아닐 수 있다. 사람의 목숨을 돈 버는 신호로 봐야 하는 현실이 서글프지만 이만큼 주식시장이 무섭다는 사실을 항상 기억해야 한다. 정신 차리지 않으면 자칫 내 목숨이 날아갈 수도 있다.

둘째, 방송매체와 신문기사에서 '주식시장 붕괴', '국내경기 침체 바닥의 끝이 안 보인다.' 등 온통 암울한 소식을 전한다. 주식 전문가들 역시 온통 비관적인 전망을 내놓고 위험관리를 위해서 투자를 자제하고 보수적으로 대응하라고 한다. 지금이라도 주식을 팔고 시장을 떠나라고 한다.

셋째, 그동안 고점에서 주가가 하락하는 동안 주가가 싸졌다고 열심히 사던 개인투자자들이 공포에 질려 이제라도 주식을 팔아 조금이나마 남은 돈이라도 건지려는 마음에서 투매가 쏟아져 나온다.

정점을 찍고 주가가 하락하는 동안 주식을 무섭게 매도해 온 외국인투자자와 기관투자자들이 개인의 투매를 모두 받아낸다. 투자주체별 매매동향이 변해야 주식시장의 하락은 멈춘다. 개인이 여전히 싸다고 느끼고 저가매수에 나서는 한 바닥은 오지 않는다. 저가매수를 하다가 주식을 보유하는 것 자체를 두렵게 느끼고 이성이 아니라 감성에 의해 주식을 던지고 시장을 떠날 때, 외국인과 기관은 느긋하게 선심을 쓰듯 개미들이 허겁지겁 던지는 투매물량을 쓸어 담는다.

이때가 정확히 바닥인 경우가 많다. 투매는 보통 두세 번에 걸쳐 나오고 신용이나 미수거래를 하는 사람들이 모두 깡통을 차고 시장을 떠나서야 비로소 하락을 멈춘다.

넷째, 우량주는 고점 대비 반 토막이나 최악의 경우 1/4토막까지 난다. 즉 20만 원 하던 주식이 10만 원 혹은 최악의 경우 5만 원까지 하락한다. 경기흐름이나 실제 기업 가치를 봐서는 10만원까지 하락하는 것이 맞지만 이미 이성을 잃고 두려움에 투매를 하게 되면서 주가가 비정상적으로 급락한다.

중소형 개별주는 보통 반 토막 이하로 주가가 떨어지고 최악의 경우 1/10 수준까지 주가가 하락한다. 대형주나 우량주는 기관투자자와 외국인투자자가 어느 정도 수준에서 주식을 매입하지만 중소형주나 코스닥주식은 투매를 받아주는 세력이 없어 계속 추락한다.

방아쇠를 당겨라

'결정적인 기회'의 징후들이 나오면 이제는 투자를 결행할 시기이다. 그렇지만 이때 주식을 사거나 펀드에 가입하기란 '천 길 낭떠러지에서 두 눈 딱 감고 뛰어내리는 것' 이상으로 두렵고 고통스럽다. 이것을 극복해야지 투자의 세계에서 승리자가 될 수 있다. 이때는 누구의 조언이나 전망도 도움이 되지 않는다. 본인 혼자서 조용히 생각해야 한다.

지난 수천 년의 인류 역사 속에서 문명과 문화가 도태된 적이 단 한번이라도 있었는가? 우리 나라는 삼국시대부터 고려, 조선, 일제 침략과 식민지시대, 6.25전쟁, 쿠데타와 민주화, IMF 금융위기 등 수많은 위기가 있었지만 결국에는 오늘날 이만큼 성장 발전했다.

세계사는 어떤가? 유럽인구의 1/4을 죽음으로 몰아넣었던 페스트 창궐, 영국과 프랑스의 100년 전쟁, 1·2차 세계대전, 미국을 비롯한 전 세계의 불황과 증시폭락, 9.11테러 등 수많은 사건과 사고가 있었지만 인류의 문명과 문화가 퇴보한 적은 없었다.

잠시 시련을 겪었지만 그 시기를 지나고 나면 오히려 그 이전의 수준보다 향상되었다. 이 사실만 굳건하게 믿으면 된다. 한번 발전한 문화와 문명을 뒷걸음질치지 않는다. 이 진리의 밧줄을 꽉 잡고 있어야 한다. 그렇지 않으면 좋은 기회를 절대로 잡을 수 없다.

어떤 종목을 어떻게 살까?

보수적인 투자자는 인덱스펀드나 지수 ETF, 업종 ETF에 투자하거나 업종대표주 중심으로 우량주에 투자하면 된다. 공격적인 투자자는 인덱스펀드나 ETF, 블루칩 위주의 우량주와 함께 중소형주와 코스닥시장에서 단단하고 우량한 종목을 일부 편입하면 좋다.

이때 중요한 것은 한꺼번에 투자하지 않는다는 것이다. '이 정도면 다 하락했겠지? 이제 빠져봐야 얼마나 빠지겠어?' 하고 안일한 생각으로 주식을 샀다가 한두 번 더 투매가 나오면 며칠 전 내가 산 주식이 반 토막 나는 불상사가 발생할 수 있다. 반드시 3번으로 나누어 사는 것이 중요하다. 투매로 주가가 하락하거나 증시가 급락할 때는 하루에 100P 넘게 하락하고 우량주도 10% 넘게 하락하며 중소형주나 코스닥 종목은 순식간에 하한가로 꽂혀버린다. 따라서 첫 투자는 반드시 총 투자자금의 30%만 집행하고, 2~3일 혹은 1주일 후에 30%를 투자하고, 나머지 40%는 투자주체별 수급의 변화와 위에서 말한 '결정적인 기회'를 나타내는 모든 징후들을 확인해야 한다. 그리고 주가 또한 바닥을 찍고 올라오는 것을 확인한 후, 마지막 베팅을 해야 한다. 2주에서 1달 사이에 3회 정도로 나눠서 투자하는 것이 핵심이다.

사고 나서는 잊어라

폭락장에서 주식을 분할 매수했으면 이때부터는 눈을 감고, 귀를 닫아야 한다. 주식을 사거나 펀드에 가입하는 날부터 뉴스나 신문, 증권방송, 인터넷 등을 통해서 경제상황과 주식시장동향, 주가 등을 체크하는데 이러면 실패할 가능성이 높다. 어차피 가장 좋지 않은 시점에 주식을 샀기 때문에 여기저기 온통 비관적인 전망과 나쁜 뉴스만 넘쳐난다. 이때 자칫 흔들려 다시 공포심에 사로잡혀 주식을 파는 치명적인 실수를 범해서는 안 된다.

이미 주가는 고점에서 적게는 50%에서 많게는 70% 정도 떨어졌다. 여기서 밀려 봐야 10~20%다. 또한 더 하락해도 나중에 투매와 공포가 지나고 나면 급락 뒤에는 급반등이 나오기 때문에 설사 주가가 하락해도 절대로 흔들려서는 안 된다.

아이가 부모나 선생님에게 매를 맞는데 아홉 대 맞고 도망을 가거나 반항을 하면 그동안 맞은 아홉 대는 허사가 되고 만다. 하지만 눈 꾹 감고 한 대 더 맞으면 오히려 개운하고 떳떳하다. 이미 내가 산 주식은 아홉 대의 매를 맞았다. 매를 맞는 아이는 '아니 아홉 대를 맞았는데 얼마나 더 때리시려고 이러시나' 하면서 못 맞겠다고 하지만 정작 매는 마지막 한 대만 남았을 뿐이다. 시골에서 김장을 하면 땅을 파서 김장이 담긴 독을 묻고 흙과 짚으로 덮어 놓는다. 시간이 지나가면서 맛난 김치를 먹을 수 있는 것처럼 주식을 묻어 놓고 몇 달만 기다리면 투자의 즐거움을 만끽할 수 있다.

적당한 수익에 감사하고 떠나라

폭락장에서는 어김없이 투매가 나오고 비이성적인 공포심과 행동으로 주가가 과도하게 하락한다. 이런 현상이 나타나는 데는 이유가 있다.

첫째, 주가가 하락하면 이제 다 떨어졌다고 매수하는 개인이나 물을 탔던 개인들이 바닥이 아니라는 사실을 알고 공포에 질려 허겁지겁 팔게 된다.

둘째, 신용이나 미수로 주식을 매수한 사람은 일정 수준 이하로 주가가 하락하면 어쩔 수 없이 강제로 팔아야 한다. 폭락장 막바지에는 매수 세력이 자취를 감춘다. 매수가 없는데 반대매매 물량이 쏟아져 나오면 주가가 순식간에 속수무책으로 급락하는 것이다.

그렇다면 왜 주식을 사는 사람이 없는 것일까?

주식투자를 하는 사람은 그 전에 자기가 동원할 수 있는 모든 돈을 끌어모아 물타기와 손절매를 반복해서 이미 치명적인 손실을 입고 회복 불가능한 상태가 된다. 이때 주식을 사면 좋겠다는 생각을 하지만 애석하게 총알이 떨어진다. 두려움에 빠져서 가지고 있는 주식을 이거라도 건져야지 하고 팔지 않으면 그나마 다행이다.

주식투자를 하지 않던 사람들은 이 결정적인 기회에 절대로 주식투자를 하지 못한다. 평소 주식시장이 좋을 때도 위험하다고 생각해서 투자를 하지 않던 사람들은 주가가 급락했을 때는 꿈쩍도 하지 않는다. 오히려 '휴~ 그동안 주식투자 안 해서 정말 다행이다.'라며 주위에 망한 사람들을 보면서 위안을 삼는다.

기관투자자와 외국인은 개인들이 모든 물량을 쏟아내고 항복할 때까지 기다린다. 마치 독수리가 굶주린 아이가 정신을 잃을 때까지 기다리는 것처럼 개인들이 모두 죽고 나면 그 뒤에 헐값에 주식을 쓸어 담는다. 그리고 시장은 개미의 피를 마시고 다시 기력을 찾아 살아난다.

투자의 세계는 이렇게 무서운 곳이다.

그 후에는 살아남은 자들의 파티가 시작된다. 급락장 뒤에는 언제나 급반등장이 온다. 세상이 하루아침에 변한 것도, 어려운 경제가 갑자기 좋아진 것도 아닌데 왜 갑자기 주가가 오를까? 이것은 그 전에 지나치게, 과도하게 비정상적으로 하락한 주가가 정상을 찾아가는 지극히 자연스러운 과정이다.

앞에서 말한 폭락장에 과감히 투자를 하면 보통 6개월에서 1년 안에 적게는 50%, 많게는 100% 이상 수익이 난다. 이때 더 이상 욕심 부리지 말고 감사하는 마음으로 팔아야 한다. 폭락장 마지막에 투매로 급락한 부분이 반등하면 이 부분만 이익을 보고 팔아야 한다. 더 욕심을 내면 안 된다. 1년에 50%면 은행금리 20년분에 해당하는 큰 수익이다. 항상 욕심이 화를 부른다는 사실을 알고 미련 없이 팔아야 한다.

이 다음이 가장 중요하다.

위 과정을 잘 실천해서 수익이 난 사람 중에 99%는 단기간에 고수익을 맛보았기 때문에 주식시장을 만만하고 쉽게 본다. 마치 자기가 투자의 귀재나 고수라고 착각한다. 그러나 절대 아니다. 5년에서 10년 만에 찾아온 정말 좋은 기회에 잠깐 발을 담갔을 뿐이다. 시장이 정상으로 돌아오면 투자는 다시 한없이 어려워진다. 나의 실력이 뛰어나서 수익을 낸 것이 아니라는 사실을 기억하고 여기서 더 벌 생각을 하지 말고 지금까지 번 돈을 잘 지키는 것이 최선이다.

이때는 미련 없이 출금을 해서 채권이나. 혼합형펀드, 적립식주식형 펀드, ETF, ELS, CMA 등에 골고루 분산투자를 하고 안전자산 비중을 늘려놓고 번 돈의 일부를 가지고 여행을 떠나야 한다.

폭락장 바닥에 5천만 원 투자해서 1년 안에 5천만 원을 벌어서 1억이 되었으면 채권과 혼합형펀드에 4천만 원, 적립식 주식형펀드에 2천만 원, ETF와 ELS에 2천만 원, 1천만 원은 예비자금으로 CMA에 넣어놓고 나머지 1천만 원을 가지고 사랑하는 사람과 몇 달간 해외여행 가서 푹 쉬어라. 열심히 일한 당신 더 이상 미련을 가지고 기웃거리거나 망설이지 말고 떠나라.

그 다음에는 다시 경제와 금융시장을 공부하면서 언제 올지 모르는 다음 번 기회를 기다리면 된다. '언제 또 기회가 올지, 다시는 그런 기회가 오지 않으면 어떻게 하지?'라고 걱정할 필요가 없다. 사람들이 사는 세상에는 언제나 탐욕이 존재하기 때문에 시장은 언제고 정점을 치고 하락을 한다. 북한을 비롯해서 유럽·미국·일본·중국 등 어떤 나라에서 전혀 예기치 못한 초대형 악재들이 터져 나올지 모른다. 천재지변이나 국지전, 테러와 같은 위험 요소가 얼마든지 발생할 수 있다.

운 좋게 돈을 벌수는 있으나 번 돈을 지켜내는 것은 운만으로는 안 된다. 철저한 자금관리와 자기관리가 매우 중요하다. 흔히 주식을 잘 사는 사람은 주식 1단, 주식을 잘 파는 사람은 주식 3단, 손절매를 잘 하는 사람은 주식 5단, 자금관리를 잘 하는 사람은 주식 7단이라고 한다. 그리고 주식 9단은 쉴 줄 아는 사람이다. 쉬면서 결정적인 기회가 올 때까지 기다릴 줄 아는 사람이야말로 주식 9단이며 입신(入神)의 경지에 오른자다.

지금 투자를 하고 있는 사람은?

아직까지 주식이나 펀드투자를 하지 않는 사람은 위의 내용을 잘 기억하고 제대로 지키면 된다. 문제는 이미 투자를 하고 있는 사람이다. 이미 투자를 한 사람에게 지금 가지고 있는 주식을 모두 팔고, 펀드를 환매하고 결정적인 기회가 올 때까지 기다렸다가 투자하라고 말해봐야 소용없다. 이미 투자를 한 사람은 기존 투자를 접기가 무엇보다 힘들다. 그렇다고 지금처럼 투자하면 좋은 장에는 잠깐 수익을 내도 무섭게 하락하는 대세하락장에서는 모든 것을 잃고 만다.

이미 투자를 하고 있는 사람은 반드시 투자자금의 1/3 정도를 예비 자금으로 따로 관리해야 한다. 1/3의 예비 자금을 CMA나 만기가 6개월, 1년 이하의 회사채에 나누어서 투자를 해놓고 최악의 상황에 대비해야 한다.

급락장이 오면 최소 50%에서 최대 70% 이상 주가가 하락하기 때문에 현재 투자하는 금액의 1/3 정도의 예비자금을 잘 가지고 있다가 결정적인 기회에 투자를 하면 치명적인 손실을 피할 수 있고 오히려 폭락장에 수익을 낼 수 있다. 그러나 이 원칙 역시 말처럼 지키기가 쉽지 않다.

전쟁은 언제 일어날지 모른다. 어쩌면 영원히 일어나지 않을 수도 있다. 그럼에도 국가는 매년 엄청난 예산을 국방비로 지출하며 군대를 보유한다. 국방비가 아깝다고 군대를 해체하는 그 순간 국가는 위험에 빠지게 된다. 이 1/3의 예비자금은 투자를 하는 사람에게 국가에서 군대와 같은 역할을 한다. 평생 쓰지 않는 한이 있더라도 주식시장에서 투자를 하는 한, 반드시 가지고 있어야 할 비장의 '마지막 히든카드'인 것이다.

극심한 가뭄이나 모든 것을 쓸어버리는 홍수로 그동안 지은 농사를 몽땅 망친 사람들 중, 내년에 파종할 씨앗이 없는 사람은 결국 망한다. 그러나 파종할 씨앗이 있는 사람은 회생할 가능성이 있다. 농사를 짓지 못하는 사람의 농지까지 헐값에 사서 오히려 부자가 된다. 중요한 것은 어떤 경우에도 죽지 않고 살아남아야 한다. 살아남은 사람이 다시 기회를 잡을 수 있다. 강한 자가 살아남는 것이 아니라 살아남은 자가 강한 법이다.

IMF 금융위기 당시 5천만 원으로 은행주를 사서 1년도 되지 않아 2억이 되자 미련 없이 주식을 팔고 기존에 하던 자영업을 더 크게 하고 사업을 하던 투자자는 2001년 9.11테러가 터지자 2년 만에 다시 1억을 주식에 투자했다. 그리고 6개월 후에 1억 8천만 원이 되자 미련 없이 주식을 정리하고 떠났다가 2006년 중국의 긴축재정과 북한의 핵실험 등으로 단기간에 주식시장이 급락하자 5년 만에 다시 주식시장에 돌아와서 1억을 투자했다가 1년 후에 1억 6천만 원을 만들어 다시 주식시장을 떠났다. 그리고 2008년 가을 미국의 서브프라임 모기지론으로 전 세계 금융시장이 폭락하고 주식투자를 했던 사람들이 거지가 되자 다시 1억 원을 투자해서 2009년 2억 원이 되자 또 주식을 팔고 주식시장을 떠났다.

이 투자자는 지난 12년 동안 4번 투자를 했고 총 투자한 기간은 3년 정도였다. 그의 수익률은 600%가 훌쩍 넘었다.

그는 남은 9년 동안 손을 놓고 있었던 것이 아니라 한 달에 한두 번 증권사 지점에 들러 차를 마시면서 금융시장에 대해 파악을 했다. 은행에서는 VIP라운지에서 차를 마시고 신협에서는 상담을 하고 있었다. 그는 투자를 하지 않을 때도 항상 금융기관 관계자들과 긴밀한 관계를 유지하며 시장의 흐름을 체크하고 경제신문을 꾸준히 구독하면서 경제와 사회의 흐름을 확인했다. 평소에 꾸준한 관심을 기울이는 노력이 있었기 때문에 모든 주식투자자가 공포에 질려서 얼어붙어 있을 때, 그는 망설이지 않고 과감하게 투자를 할 수 있었다.

주식투자를 하는 사람들은 1년 내내, 그것도 아주 열심히 한다. 주식시장이 좋거나 나쁘거나 그것은 중요하지가 않다. 날마다 열심히 정보를 찾고 작전주, 대박주를 쫓아다니며 부지런히 벌어서 빨리 부자가 되려고 한다. 하루도 쉬지 않는다. 그러나 결과를 보면 우리 주위에서 주식으로 돈 벌었다는 사람은 눈을 씻고 찾아봐도 만나기가 힘들고 망했다는 사람만 넘쳐난다. 이제는 투자방법과 마음자세를 바꿔야 한다.

주식투자는 일생에서 4~5번 정도만 하면 충분하다.

평상시에는 금융자산의 30%는 주식형펀드나 ETF에, 30%는 혼합형펀드나 채권에 투자하고, 나머지 30%는 보험과 예금에, 그리고 나머지 10%는 CMA에 넣어두면 적당하다. 물론 연령이 높을수록 안전자산의 비중을 높여야 하고 나이가 젊은 사람은 위험자산의 비중을 높여야 한다. 보통 120에서 자기의 나이를 뺀 만큼을 위험자산에 투자하면 된다. 나이가 40인 사람은 120－40을 해서 나오는 숫자만큼 위험자산에 투자하면 된다. 예전에는 '100－자기나이'만큼 위험자산에 투자하라고 했지만 평균 수명이 늘어나고 예금 이자가 워낙 낮다 보니 위험자산에 투자하는 비중이 더 늘었다.

평생을 살면서 서너 번 맞이하게 될 결정적인 기회를 잡는 사람은 큰 수익을 낼 수 있지만 그렇지 못한 사람은 치명적인 손실을 입는다. 좋은 기회를 놓치지 않고 잘 잡기 위해서는 평소에 꾸준히 금융시장과 투자에 대해서 공부하고 내 그릇을 크게 만들어 놓아야 한다. 모두가 죽는다고 뛰쳐나갈 때 용기를 내서 투자하기 위해서는 웬만한 내공으로는 역부족이다. 한 번의 기회를 잡기 위해서 수년간 수련하면서 내공을 길러야 1년에 10년 치의 수익을 낼 기회를 잡을 수 있다.

대한민국
경제를 믿습니다

식민지시대에 세계를 지배한 스페인과 포르투갈, 영원히 해가 지지 않는 나라 대영제국, 1·2차 세계대전 이후 초강대국이 된 미국 그리고 러시아, 독일, 프랑스, 일본 등은 우리가 잘 알고 있는 선진국이다. 이들 중, 그 어떤 나라도 사람이 만들 수 있는 범위의 가장 큰 것과 가장 작은 것을 동시에 가장 잘 만든 나라는 없었다. 만약 사람이 만들 수 있는 가장 큰 것과 가장 작은 것을 세계에서 가장 잘 만드는 나라가 나온다면 그 나라가 세계를 제패할 것이라고 한다.

세계 역사상 어느 나라도 이루지 못한 이 일을 바로 우리가 살고 있는 대한민국이 해냈다. 우리 나라는 사람이 만들 수 있는 가장 큰 물건인 배와 사람이 만들 수 있는 가장 작은 물건인 반도체 D램을 세계에서 가장 잘 만드는 나라다.

'골드만삭스'는 2008년 미국의 서브프라임 모기지론으로 시작된 금융위기로 미국의 5대 은행 중 2개의 은행이 파산할 때도 돈을 벌어들인 유일한 금융회사다. 이 회사는 '2050년 세계 각국의 경쟁력 순위'를 2년마다 발표한다.

3년 전, 나는 이 회사의 보고서를 보고 깜짝 놀랐다. 이 보고서에 따르면 2050년 각 나라의 경쟁력을 비교한 순위에서 우리 나라가 미국에 이어 2위를 할 것이라고 했다. 이 기사를 보는 순간 내 눈을 의심하지 않을 수 없었다. G2로 부상하면서 미국의 유일한 경쟁국이라는 중국도, 경제력만큼은 세계최고라는 독일이나 일본이 아니라 바로 우리 나라가 당당하게 2위를 차지하고 있었다.

그 후, 다시 골드만삭스에서 보고서가 나왔을 때 나는 떨리는 마음으로 살펴보았다. 그런데 이게 어찌된 일인가. 우리 나라는 미국에 이어 여전히 2위였다. 하지만 1위인 미국과의 경쟁력 지수는 현격히 줄어있었고 3위, 4위인 중국, 일본과의 격차는 더욱 벌어져 있었다.

미국의 경제전문가인 헤리댄트는 '대한민국 주가지수는 앞으로 10년 안에 5,000P를 돌파할 것이다.'라고 했다. 미국의 다우지수가 1,000P~2,000P 등락을 보일 때 앞으로 10년 후 미국증시는 다우지수 5,000P~7,000P까지 상승한다고 주장했던 '헤리댄트'였다.

삼성전자가 사상 최초로 순이익 10조 원을 넘어서자 일본의 많은 신문들은 '삼성전자 일본열도 짓밟다.'라는 자극적인 기사를 보도했다. 세계 최고인 일본의 전자회사인 소니, 도시바, 히다찌 등 일본의 10대 전자회사의 순이익을 다 합쳐도 10조 원을 넘지 못했다. 이런 엄청난 실적을 기록한 삼성전자가 불과 2년 만에 또다시 실적이 60% 가까이 성장했다. 삼성전자의 신용등급은 우리 나라는 물론 일본이나 중국의 국가신용등급보다도 높다.

현대차와 기아차는 세계 시장에서 무섭게 성장하고 있다. 미국시장 점유율이 10%를 넘어 이제는 세계 1위 자동차 회사인 도요타와 진검승부를 하고 있다. 전 세계 어디를 가도 어렵지 않게 현대차와 기아차를 볼 수 있다.

2010년에 외국인은 우리 나라 주식시장에서 8조 원 가까이 주식을 샀다. 반면에 우리 나라 사람들은 2008년 미국 금융위기 전에 펀드에 투자하고 주식을 산 후 주가가 급락하여 큰 손실을 보다가 최근 원금이 회복되자 연일 주식을 팔고 펀드를 환매하기에 바쁘다. 외국투자자들은 대한민국 주식을 열심히 사는데 정작 우리 나라 사람들은 주식과 펀드를 파느라 정신이 없다.

대한민국의 국민은 5천 년 역사 동안 수많은 외침에도 굴하지 않은 민족이다. 36년간의 일제지배와 6.25전쟁으로 모든 것이 황폐해졌어도 한강의 기적처럼 눈부신 경제성장을 이룩했다. 경제성장과 민주주의를 동시에 그것도 최단 기간에 이룬 나라다. 선진국의 원조를 받던 나라에서 거꾸로 원조를 하는 나라가 된 것은 우리나라가 처음이다.

IMF로 나라살림이 힘들어지자 장롱 속에 고이 보관한 금을 들고 나와 하루 종일 줄을 서서 내놓는 국민, 유조선이 좌초되어 바다와 해변이 오염되자 전국에서 자발적으로 모여들어 한겨울 칼바람을 맞으며 쪼그리고 앉아 하루종일 모래와 자갈과 바위에 뒤덮인 기름을 닦아낸 이들이 바로 대한민국의 국민들이다.

일본과의 문화교류를 허용하자 많은 사람들이 왜색문화가 우리나라에 넘쳐날 것이라고 걱정했으나 지금 어떤가? 일본뿐 아니라 아시아를 넘어 유럽과 전 세계가 한류의 열풍에 빠져 있다. 우리 나라의 드라마와 영화는 제작도 하기 전에 해외로 수출된다.

'한국에서 통하면 세계에서 통한다.'는 말은 이제 전혀 새로울 것이 없을만큼 익숙해졌다. 신제품이 나오면 가장 먼저 서울에서 출시한다. 화장품도 전자제품도 심지어 미국 할리우드에서 만든 영화도 한국에서 통하지 않으면 그 사업이나 제품은 빨리 접는 게 낫다고 할 정도가 되었다.

BMW 자동차 회사는 신차를 출시하면 유일하게 우리 나라만 항공운송을 한다. 우리 나라 사람은 '차를 사야겠다.'라고 한번 마음먹으면 곧바로 가서 계약하고 최대한 빨리 차를 운행하려고 한다. 만약 몇 달을 기다려야 한다고 하면 곧바로 벤츠나 아우디를 사러 간다. BMW냐 벤츠냐가 중요한 게 아니고 빨리 차를 운행하는 것이 중요하다.

평생 투자를 안 하던 사람이 '주식투자 해야지.' '펀드투자 해야지.'라고 마음을 먹으면 그날로 돈을 들고와서 투자해야 직성이 풀린다. 전자제품을 살 때도 마찬가지다. 마음에 드는 제품이나 모델이 있어도 한참 기다려야 한다고 하면 그 제품은 포기하고 다른 제품을 산다. 빨리 갖다 놔야 직성이 풀린다.

펀드 계좌가 1천만 개가 넘는다. 한 집에 1~2개의 펀드는 다 가입하고 있다. 스마트폰이 출시된 지 얼마 되지 않았는데 1천만 개가 우리 나라에서 팔렸다. 남들 다 스마트폰 쓰는데 나만 안 쓸 수는 없는 일이다. 스마트폰이 왜 필요한 것인지, 내가 잘 활용할 수 있는지는 중요하지 않다.

물론 '빨리빨리' 문화가 모두 좋다고 할 수는 없지만 대한민국 국민은 전 세계의 어떤 민족보다도 뜨거운 가슴을 가지고 열정적으로 산다. 이제는 이렇게 대단한 사람들이 모여 사는 대한민국이라는 나라의 경제를 한번 믿어보자.

세계의 투자자들이 우리 나라의 경제와 기업을 높이 평가하고 주식과 채권을 열심히 사들이고 있는데, 정작 우리가 우리 자신을 믿지 못하고 망설이거나 불안한 마음에 장기투자를 하지 못하는 실수를 범하지 말고 대한민국 국민이라는 사실에 자부심과 자긍심을 가져야 할 때다.

나누어 사고, 나누어 팔면서 위험을 줄일 수 있다면

1장 기본이 나의 투자를 보호한다

2장 투자는 여행이다

3장 생활 속에 정보가 있다

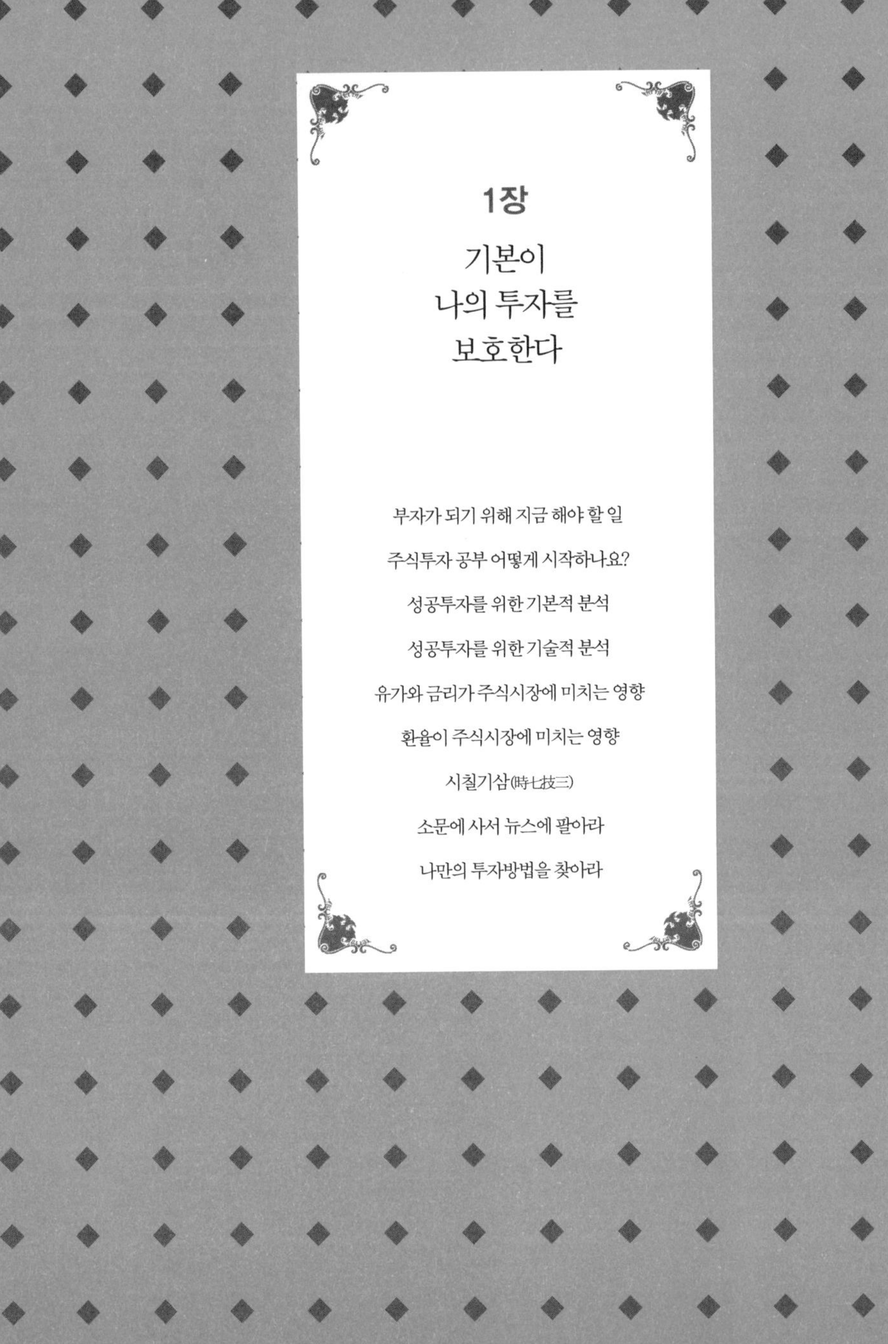

1장

기본이
나의 투자를
보호한다

부자가 되기 위해
지금 해야 할 일

타임머신을 타고 10년 전으로 돌아갈 수 있다면 누구나 부자가 될 수 있다. 서울 근교인 분당이나 신행정수도가 들어오는 조치원 지역에 부동산을 사놓았다면 아주 큰 부자가 되었을 것이다.

15만 원 정도 하는 삼성전자 주식이나 8만 원 정도하는 POSCO 주식을 사놓았다면 적어도 5배에서 7배 수익을 냈다. 조금 더 욕심을 냈다면 3천 원대의 삼성중공업이나 삼성테크윈 또는 2~3만 원 하던 현대중공업 주식을 샀다면 5년 후 20배에서 40배 수익을 낼 수 있었고 10년 전 금을 사 놓았다면 7배 이상의 수익을 냈다.

우리 부모님 세대에는 땅을 사놓고 있다가 그 땅이 개발이 되면서 갑자기 엄청난 부자가 된 사람들이 있다. 그렇다면 우리는 어떻게 해야 10년 후, 20년 후에 부자가 될 수 있을까? 지금 펀드에 가입해서 10년을 유지하는 사람은 5배에서 10배의 수익을 낼 가능성이 매우 높다. 혹은 대형 우량주나 ETF에 장기투자를 하는 사람들은 우리 부모님들이 그랬듯이 부자가 될 가능성이 매우 높다.

우리는 투자를 하면서 크게 착각하는 것이 있다.

종합주가지수가 1,500P에서 3,000P로 상승하기 위해서는 우리나라 경제가 지금보다 두 배로 성장해야 한다고 생각한다. 수출액이 두 배로 늘고, 무역수지 흑자와 경상수지 흑자가 지금보다 두 배로 늘어야 종합주가지수가 두 배로 오를 수 있다고 생각한다.

A라는 기업의 주가가 현재 10만 원인데 이 회사의 주가가 20만 원이 되기 위해서는 A라는 기업이 지금보다 두 배로 성장하고 두 배의 수익을 내야 가능하다고 생각한다. 주가가 하락하는 경우에도 마찬가지로 회사가 그만큼 퇴보하거나 나빠졌기 때문이라고 생각한다. 하지만 이 생각은 얼핏 보기에는 맞는 것 같지만 실제로는 틀린 생각이다.

지금 시장에서 사과 1개의 값이 1,000원이다. 그런데 정부에서 물가안정을 위해 동남아시아에서 사과를 200원에 무제한 수입한다고 하면 사과값은 200원대로 급락한다. 반대로 태풍이 휩쓸고 간 뒤 우리 집 사과만 온전하다면 사과값은 내가 부르는 게 값이 된다. 순식간에 돈벼락을 맞을 것이다. 이처럼 사과의 본질가치는 전혀 변하지 않았으나 수급에 변화가 오면 가격은 급등 혹은 급락한다.

가격은 가치에 의해서 결정되지만 가치보다 훨씬 중요한 것이 바로 수요와 공급이다.

우리 나라의 우량기업 주식은 이미 절반 이상을 외국인들이 차지하고 있다. 나머지 절반은 국내 기관투자자와 대주주, 우리사주 등을 제외하면 실제 유통물량은 전체주식의 20% 내외이다. 문제는 이 유통물량이 시간이 지나면 지날수록 빠르게 줄어들고 있다는 것이다. 매년 국민연금, 공무원연금, 교원연금, 퇴직연금 등의 자금이 수십 조원 씩 주식시장으로 유입되고 있다. 보험시장 역시 과거에는 생명보험, 종신보험 등을 판매하였지만 지금은 거의 변액보험 상품을 판매하고 있다.

변액보험은 만기 시 지급해야 할 보험금을 미리 정한 것이 아니라 보험료를 펀드 등에 투자해서 투자성과에 따라 보험금이 변하는 보험이다. 즉, 펀드와 같은 투자 상품에 보험의 보장기능을 추가한 것이다. 보험시장을 통해서 주식시장에 유입되는 자금의 규모 역시 매년 증가하고 있고 앞으로 규모는 더욱 커질 것이다.

이렇게 주식시장에 계속 자금이 유입되면 당연히 주식을 사고자 하는 수요가 늘어나게 된다. 공급은 늘지 않는데 수요가 늘어나면 주가는 당연히 오르게 마련이다. '부르는 것이 값'이 되는 시기가 점점 다가오고 있다.

미국이나 일본, 유럽 등 여러 선진국 역시 고도의 경제성장을 이루고 난 후에 주식시장이 크게 상승했다. 경제성장률이 점차 낮아지면서 자연스럽게 금리가 하락하고 금리가 하락하면서 예금에 몰려 있던 돈이 직접금융시장인 증시로 몰리면서 주가가 약 10년에서 15년 사이에 10배 이상 상승했다. 퇴직연금이나 각종 연금과 기금이 꾸준히 주식시장에 유입되기 시작하면서 장기간에 걸쳐 증시가 호황을 누렸다. 지금 우리 나라가 바로 그러한 상황을 맞이하고 있다.

2010년 우리 나라 국민의 금융자산은 2,000조가 넘는다. 이 중 금융부채를 제외하고도 1,000조 원이 넘는 금융자산을 보유하고 있다. 그러나 우리 나라 국민의 금융자산 중 예금이나 보험이 아닌 주식과 펀드가 차지하는 비중은 여러 선진국들과 비교했을 때 1/3 수준도 되지 않는다.

이제 우리 나라에서도 자산재분배 현상이 서서히 나타나고 있다. 그동안 주식과 펀드에 한 번도 가입하지 않았던 사람이 오랜 기간 지속되는 저금리에 지쳐 펀드와 주식투자 비중을 늘리고 있다.

현재, 우리 나라의 금융통화위원회에서 정하고 있는 금리는 3%대다. 은행이나 제2금융권에서 판매하는 예금상품의 금리는 세전 연 4%대, 세후 연 3%대로 물가상승률이 5% 이상인 점을 감안하면 이미 실질금리가 마이너스인 시대가 된 지 오래다. 문제는 앞으로도 금리가 크게 오를 가능성은 거의 없다는 것이다. 일본이 벌써 10년째 제로금리를 유지하고 있고 미국 역시 앞으로 오랫동안

0~0.5%대의 금리를 지속하겠다고 발표했다.

　이처럼　더 이상 돈이 갈 곳이 마땅치 않은 상황이 점점 심화되기 때문에 중장기적으로 주식시장의 전망이 매우 밝다. 펀드 계좌 수가 1천만 개를 훌쩍 넘고 있다는 사실을 간과해서는 안 된다.

주식투자 공부는 어떻게 하나요?

투자를 처음 하는 사람은 아주 소박하게 시작한다. 주위사람들에게 주식투자로 돈을 벌었다는 얘기를 듣거나 예금이나 적금이 만기가 되었는데 마땅한 투자처가 없을 때 가벼운 마음으로 '주식투자나 해볼까' 하고 시작한다.

"그래! 은행금리는 낮고 부동산투자를 하기에는 규모가 작으니 주식투자를 해서 은행금리보다 조금 높은 수익을 내보자!"

처음 주식투자를 하는 경우에는 아무것도 모르고 시작하기 때문에 겁이 없다. 또 아주 무리한 욕심을 부리지도 않는다. 이렇게 시작하는 초보 개미투자자는 대체적으로 처음에는 약간의 수익을 낸다. 그러나 이것이 주식투자의 세계에서 승리를 의미하는 것이 아니라 오히려 불행의 시작이 되는 경우가 많다.

초보자가 생각보다 쉽게 수익을 내다보면 주식시장이 쉽고 만만해 보인다. 이때부터 주식시장을 얕보고 과욕을 부리게 되며 결과는 비극으로 끝난다. 나중에 산전수전 다 겪고 나서 이제 좀 주식투자에 대해서 알만하면 안타깝게도 이미 때는 늦었다.

"주식투자를 시작하려고 하는데 어떻게 준비해야 하나요?"

증권회사에 근무하면서 나는 고객들에게 주식공부를 어떻게 해야 하는지 질문을 받은 적이 별로 없다. 대부분의 사람들은 주식투자를 아주 가벼운 마음으로 마치 날씨 좋은 날 나들이 하듯이 시작한다.

어떤 분야에서 창업을 하든 모든 창업자는 엄청난 노력을 한다. 상권을 분석하고 내가 하고자 하는 업종에 맞는 점포와 주변상가를 꼼꼼히 살펴보고 그 지역의 유동인구와 특성을 파악한다. 주변 경쟁업체에 대해서도 철저히 분석한다. 적합한 점포를 알맞은 가격에 구하고 종업원을 뽑아서 교육시킨다.

심혈을 기울여 준비하고 시작하는 사업의 경우, 이익률이 월 5~10% 정도면 훌륭하다. 즉 1억 원을 투자해서 창업을 할 경우 한 달에 가져가는 이익금이 본인의 인건비까지 포함해서 5백만 원에서 많게는 1천만 원이면 성공한 사업이다.

주식시장에서는 내 투자금액이 하루에 보통 5~10% 정도 등락을 보인다. 즉, 5천만 원을 투자하면 2백만 원에서 5백만 원 정도의 등락을 보이고 1억 원을 투자하는 경우에는 하루에 5백만 원에서 1천만 원 정도 등락을 보인다.

자영업을 할 때의 한 달 수익이 주식시장에서는 하루에 왔다갔다 한다. 주식투자를 시작하려면 사업을 시작할 때보다 열 배에서 스무 배 정도 더 노력하는 것이 당연한 일이다. 하지만 초보 투자자는 아무런 준비도 없이 무턱대고 주식투자를 시작한다.

그렇다면 주식투자를 시작하기 전에 어떤 공부를 어떻게 하는 것이 좋을까? 주식시장의 변화와 흐름은 경제상황이나 경기흐름과 밀접한 관계가 있으므로 우리 나라를 비롯한 세계경제의 흐름과 경기흐름을 읽고 스스로 판단할 수 있는 능력을 갖춰야 한다.

첫째, 경제신문을 꾸준히 보는 것이 좋다.

너무 당연하고 쉬운 일이라 사람들이 간과하지만 경제신문은 보통 2~3년 정도 열심히 봐야 그 효과을 볼 수 있다. 일반인들은 보통 경제신문을 보지 않는다. 경제신문에는 생소한 용어와 개념들이 많아 내용이 다소 딱딱하다고 한다. 처음부터 모든 것을 이해하면서 볼 필요는 없다.

생소한 단어나 개념은 인터넷을 통해 검색하면서 꾸준히 읽다 보면 나 스스로 경제 흐름을 볼 수 있는 안목이 생긴다.

경제신문은 1,2면을 주목해서 보아야 한다. 경제신문 첫 면에는 경기의 큰 흐름이나 우리 나라 경제의 주요이슈, 대통령과 경제부

처 장관들의 발언을 통한 정부정책이나 역점사업들이 기사화 되는데, 이는 곧 주식시장에 큰 영향을 미치는 주요 이슈가 된다.

증권면은 가볍게 보고 지나가는 것이 좋다. 예전에는 주식투자에 꽤 도움이 됐으나 이제는 '아~ 어제 주식시장에 이런 일이 있었구나.'라는 정도로만 보면 된다. 최소한 경제신문 1개와 일간지 1개를 꾸준히 보는 것이 좋다. 인터넷으로 다양한 신문을 보는 것도 좋은 방법이다.

둘째, 경제 관련 서적이나 주식투자와 관련된 책을 많이 읽어야 한다.

성공하는 주식투자자와 실패하는 투자자의 가장 큰 특징 중 하나가 책을 많이 보느냐 적게 보느냐이다. 그동안 만난 부자들은 모두 공부를 열심히 했다.

그럼 어떤 책을 읽어야 할까?

좋은 책을 추천해달라는 질문을 자주 받는다. 그때마다 나는 가능한 많은 책을 무조건 읽어보라고 한다. 많은 책을 읽다보면 자연스럽게 좋은 책을 고를 수 있는 지혜가 생긴다. 책 한 권으로 모든 것을 얻으려 하지 말고 한 권의 책에서 한 가지씩 배우면 된다. 그럼 10권을 읽으면 10가지, 100권을 읽으면 100가지를 배울 수 있다. 투자를 하다 보면 아주 사소한 지식 하나가 투자 성패를 좌우하거나 좋은 기회를 놓치지 않고 잡을 수 있는 아주 중요한 계기가 되기도 한다.

좋은 책을 고르는 좀 더 효과적인 방법은 최근 2~3년간 경제나 주식투자 분야에서 베스트셀러로 어느 정도 검증된 도서를 몇 권 사서 두세 번 읽어보는 것이다. 이렇게 하면 투자에 대한 많은 지식을 얻고 스스로 좋은 책을 고를 수 있는 능력이 생겨난다.

한 사람이 책을 쓰기 위해서는 어느 정도 전문지식 없이는 불가능하다. 또 자신의 이름을 걸고 최선을 다해서 책을 쓰기 때문에 경제전문가, 주식투자에 성공한 사람들의 소중한 지식과 경험을 가장 값싸고 쉽게 얻을 수 있다. 그리고 경제와 금융에 국한해서 독서를 하기보다는 투자 역시 결국에는 자기 자신과의 싸움이므로 어느 정도 경제지식을 갖춘 다음에는 사회학, 인문학, 고전문학 등 폭넓은 독서를 하는 것이 좋다. 투자를 너무 오래 하다보면 나도 모르게 정서가 메마른 사람이 되는 경우가 많다.

셋째, 공부는 꾸준하게 하는 것이 중요하다.

주식투자 초창기에는 공부를 열심히 하다가 어느 정도 시간이 지나면 사람들은 게으름을 피우고 기존에 알고 있는 얄팍한 지식만으로 마치 주식시장을 다 아는 양 거드름을 피운다.

시장은 늘 변한다. 단 한번도 동일한 모습으로 존재하지 않는다. 따라서 주식시장에는 영원한 강자도, 영원한 약자도 없다. 주식투자를 하는 사람은 부지런해야 한다. 늘 공부하지 않는다면 성공하기 어렵다.

이쯤되면 차라리 주식투자를 안 하고 말겠다는 사람도 있다. 그러나 주식투자를 하려면 위에 언급한 것보다 몇 배의 노력을 더 해야 한다. 꾸준하게 공부할 자신이 없다면 주식투자를 아예 처음부터 시작하지 않는 것이 좋다. 직접투자를 할 시간적 여유나 기타 여건이 여의치 않다면 무리하여 직접투자를 고집할 것이 아니라 펀드투자라는 대리운전을 이용하는 것도 좋은 방법이다.

주식투자는 사업체를 운영하는 사람들보다 10배나 더 큰 사업체를 운영하는 것과 다름없다는 사실을 항상 기억하고 그만큼 노력할 각오가 되어 있어야 한다. 그냥 재미 삼아 부업으로 한다는 자세로 투자하면 백전백패한다. 주식투자에 성공한 사람들을 보면 소름이 끼칠 정도로 엄청난 노력을 한다. 공부를 한다고 해서 반드시 성공투자자가 되는 것은 아니다. 하지만 공부를 하지 않는 투자자는 반드시 실패한다. 공부하지 않고 투자에 성공하려 한다면 그것은 잘못된 생각이다. 성공투자를 하기 위해서는 꾸준히, 부지런하게 공부해야 한다.

'저 정도 노력하면 사법고시도 합격하겠다!'는 소리를 들을 정도가 되어야 한다.

주식투자로 번 돈은 쉽게 얻은 불로소득이 아니라 치열한 자기 자신과의 싸움에서 이긴 사람들만이 누리는 전리품이다. 그래서 성공투자자를 보면 늘 존경스럽다.

성공투자를 위한 기본적 분석

투자의 세계에서 성공하려면 투자자는 부지런한 농부와 같아야 한다. 주식투자자들은 뉴스를 열심히 보고 신문을 꼼꼼히 읽으며 경제와 재테크 관련 서적을 꾸준히 읽는다. 그들은 주식투자의 고수가 되기 위해서 수많은 수고를 마다하지 않는다.

주식투자에서 분석법은 수없이 많지만 크게 기본적 분석과 기술적 분석으로 나눈다.

기본적 분석은 우리가 투자를 하려고 하는 회사가 안전한지, 꾸준히 성장하고 있는지, 수익은 내고 있는지, 적정한 주가가 얼마인지, 현재의 주가가 적정한지 아니면 과대 또는 과소평가되었는지를 알아보는 분석법으로 흔히 회사의 기본사항(fundamental)을 분석하여 투자의 가부를 판단하는 것이 목적이다.

기본적 분석은 대차대조표와 손익계산서 등을 통해 살펴볼 수 있다. 요즘에는 증권회사에서 발행하는 상장회사 핸드북이나 증권사 홈트레이딩시스템(HTS)을 통해서 기업에 대한 정보와 주요 사항들을 아주 편리하게 살펴볼 수 있다. 그렇지만 아직도 많은 사람들이 기본적 분석을 매우 어렵다고 생각한다. 경제학, 경영학, 회계학 등을 전공한 사람들이나 할 수 있다고 오해를 하고 애널리스트나 전문가의 영역이라고 생각하며 기본적 분석을 멀리한다.

'투자를 할 것인가? 말 것인가?'라는 가장 중요한 문제를 무시하고 넘어가니 그만큼 투자에 성공할 확률은 낮아지고 실패할 확률은 높아진다.

서울에서 부산까지 처음 가는 사람에겐 지도나 내비게이션이 필요하다. 그러나 그것을 직접 만드는 사람은 없다. 필요한 정보를 얻기 위해서 지도를 볼 줄 알고 내비게이션을 작동하는 방법만 알면 된다. 만약, 누군가 직접 지도를 그리거나 내비게이션을 만들고 있다면 그 사람은 굉장히 비효율적인 일을 하고 있는 것이다.

기본적 분석 역시 마찬가지이다. 투자회사를 분석하기 위해 수많은 재무 정보를 수집해서 안정성과 성장성을 분석하고 이를 통해 적정한 주가를 산출하고 목표가격을 정한다는 것은 마치 지도를 직접 그리고, 내비게이션을 직접 만드는 일만큼이나 쓸데없는 짓이다. 수많은 증권사의 리서치 팀에서 분석해 놓은 기업들의 기본적 분석 자료를 보고 그 기업의 안정성과 성장성이 어느 정도 수준이며 현재 주가가 고평가되었는지, 저평가되었는지 판단하면 된다.

지도를 보지 못하고 내비게이션을 작동할 줄 모른다면 아무 소용이 없듯이 기본적 분석을 해 놓은 자료에서 우리가 필요한 정보를 취할 수 있는 능력만 갖추면 된다.

기본적 분석에서 가장 중요한 것은 비교대상을 반드시 동종업체나 경쟁업체로 해야 한다는 것이다.

운동선수를 비교하면서 육상선수와 유도선수를 비교한다면 이는 올바른 비교라 할 수 없다. 예술인을 비교할 때도 피아노 연주자와 바이올린 연주자, 성악가를 서로 비교하는 것은 맞지 않다. 주식시장에서도 마찬가지다. 아무리 열심히 분석하고 비교해도 다른 업종의 회사와 비교하는 것은 아무런 의미가 없다. 반드시 비슷한 일을 하는 회사 또는 경쟁회사와 비교할 때 비로소 의미가 있다.

기본적 분석은 몇 가지 요소만 정확히 이해하고 활용하면 결코 어렵지가 않다.

자본금

주식시장에 상장된 모든 회사는 주식회사이다. 주식회사의 근간은 자본금이다. 하지만 어찌된 일인지 주식투자를 하는 사람들이 주가와 차트, 거래량과 수급에는 관심이 많은데 정작 가장 기본이 되는 자본금은 간과할 때가 많다.

한 해에 매출액이 1천억 원이고 영업이익과 순이익 같은 두 회사가 있다.

A회사는 자본금이 100억 원이고, B회사는 자본금이 10억 원이면 B회사는 A회사보다 10배 더 좋은 회사이다. 따라서 B회사의 주가는 A회사보다 10배 더 비싼 것이 정상이다. 삼성전자가 LG전자보다 주가가 10배 비싸고, SKT가 KT보다 45배 비싸며, 현대차가 기아차보다 3배 비싸다는 사실은 모든 투자자가 잘 알고 있지만 KT가 SKT보다 자본금이 35배나 많다는 사실은 잘 알지 못한다. 즉, SKT가 1억 원의 자본금으로 회사를 경영한다면, KT는 35억 원으로 회사를 경영한다는 것이다. 그러나 시장점유율을 보면 SKT가 KT보다 월등히 높다.

기아차의 자본금이 현대차보다 2배나 많지만 자동차시장에서 점유율을 비교하면 현대차가 월등히 높다. 삼성전자와 LG전자는 자본금은 비슷하지만 두 회사의 매출액이나 영업이익, 순이익을 비교하면 LG전자는 아직 삼성전자의 상대가 되지 않는다. 이와 같이 단순히 두 회사의 주가를 비교한다는 것은 의미가 없다. 반드시 두 회사의 자본금이 얼마인지 알아보고 매출액, 영업이익, 순이익, 시장점유율 등을 비교해 보아야 정확한 비교분석이 가능하다.

액면가

액면가는 주식을 발행할 때 주권에 표시된 가격이다.

우리 나라 주식은 거래소시장의 경우 액면가는 거의 5,000원이며, 코스닥시장의 주식은 500원인 경우가 많다. 하지만 최근에는 거래소시장의 주식도 액면분할을 많이 해서 액면가가 2,500원, 1,000원, 500원, 100원 등으로 다양하다. 코스닥시장도 마찬가지다.

삼성그룹 계열사 주식 중 주가가 가장 비싼 주식이 무엇이냐고 질문하면 거의 모든 사람이 삼성전자라고 한다. 하지만 틀린 답이다. 정답은 삼성화재다. 삼성전자의 주가가 100만 원이고 삼성화재의 주가는 23만 원이기 때문에 얼핏 봐서는 맞는 것 같지만 삼성전자는 액면가가 5,000원이고, 삼성화재는 500원이다.

삼성전자 액면가는 삼성화재보다 10배 더 많다. 즉, 삼성화재를 삼성전자와 비교하면 삼성화재는 주가의 열 배인 230만 원이 된다. SKT의 주가도 18만 원정도 하지만 액면가가 500원이므로 액면가 5천 원짜리 주식으로 환산하면 180만 원짜리 주식이 되는 것이다. 어떠한 주식을 사기 위해서는 먼저 자본금이 얼마이고 액면가가 얼마인지 살펴봐야 한다. 이는 가장 기본이면서 매우 중요한 요소이다.

PER (Price Earning Ratio, 주가수익 비율)

PER은 주가가 수익의 몇 배로 거래되는지를 나타내는 지표이다.

낮을수록 저평가되었다는 뜻이다.

　A기업의 PER이 5이고, B기업의 PER이 10이라면, A기업의 현재 주가는 수익의 5배 정도이며, B기업의 주가는 수익의 10배 정도 수준에서 거래되는 것이다. 즉 A기업이 B기업보다 PER이 낮기 때문에 저평가되었다고 볼 수 있다. 하지만 이때도 몇 가지 주의할 점이 있다. 반드시 같은 업종 내에서 경쟁회사와 비교할 때 의미가 있다. 그리고 고성장 기업은 저성장 기업에 비해 대체로 PER이 높다.

　이는 향후 성장에 대한 기대감이 주가에 반영되었기 때문이다. 단순히 PER이 높다고 고평가되었다고 판단해서는 안 된다. 게임회사, 인터넷회사, 바이오 생명과학회사 등은 제약회사나 의류회사, 식음료회사보다 PER이 월등히 높다. 성장성이 높은 산업의 회사들이 성장성이 낮은 업종의 회사들보다 PER이 높은 것은 당연한 것이다.

PBR (Price Book-vaule Ratio, 주당순자산 비율)

　PBR은 주가가 순자산의 몇 배로 거래되는지를 나타내는 지표이다. 낮을수록 저평가되었다는 뜻이다.

　A기업의 PBR은 1이고, B기업의 PBR이 2라면, A기업의 현재 주가는 순자산가치 정도 수준이며, B기업의 주가는 자산의 2배 정도에서 거래되는 것이다. 즉, A기업이 B기업보다 PBR이 낮기 때문에

저평가되었다고 볼 수 있다. PBR이 1 이하인 경우 순자산가치보다도 주가가 저평가된 상태로 자산주 또는 저평가주라고 부른다. 하지만 이때도 주의할 점이 있다.

반드시 같은 업종 내에서 경쟁회사와 비교할 때 의미가 있다. 그리고 고성장 기업은 저성장 기업에 비해 대체로 PBR이 높다. 이는 향후 성장에 대한 기대감이 주가에 반영되는 경우이므로 PER과 마찬가지로 단순히 PBR이 높다고 고평가되었다고 판단할 수만은 없다.

ROE (Return On Equity, 자기자본 이익률)

ROE는 회사경영자가 주주의 자본을 이용해 얼마의 이익을 올렸는가를 보여주는 지표이다. 높을수록 좋다

A회사의 ROE가 10%이고, B회사의 ROE가 20%라면 A회사는 10%의 수익률을 기록한 것이고 B회사는 20%의 수익률을 기록한 것이므로 B회사의 경영능력(수익성)이 뛰어나다고 보면 된다.

고성장 기업은 ROE가 높고, 저성장 기업은 ROE가 낮다. ROE가 2~3%로 시중금리보다 낮다면 냉정하게 말해 그 기업은 사업을 할 필요가 없다. 하루 빨리 청산해서 은행에 예금해 놓고 예금 이자를 받는 것이 나을 수도 있다. ROE가 시중금리의 두 배 정도는 되어야 투자가치가 있다고 보면 된다.

EPS (Earning Per Share, 주당 순이익)

EPS는 한 주당 얼마의 수익을 냈는가를 나타내는 지표이다. 높을수록 좋다

A회사의 주가가 10만 원, EPS가 1만 원이며, B회사는 주가가 1만 원이고 EPS가 1천 원이라면 두 회사는 비슷한 가치로 평가받고 있다고 볼 수 있다.

블루칩으로 불리는 대형우량주가 고가인데도 여전히 투자자들이 선호하는 이유는 주당순이익이 높기 때문이다. 주당순이익이 높은 회사는 향후 신기술이나 신제품으로 시장의 지배력이 상승할 가능성이 높다. 주식투자를 하는 사람은 자기가 보유한 회사의 분기별 영업이익과 EPS 추이를 잘 체크해 보는 것이 중요하다. 아무리 좋은 회사라도 수익을 내지 못하면 주가는 떨어지게 마련이고 꾸준히 영업이익과 EPS가 증가하는 회사는 향후 주가가 꾸준히 오를 가능성이 매우 높다. 실적과 주가는 약간의 시차는 있을 수 있어도 결국에는 같이 움직이게 마련이다.

부채비율

부채비율이란 회사가 얼마의 빚을 지고 있는가를 나타내는 지표이다. 따라서 부채비율은 당연히 낮은 것이 좋다. 개인이든 단체든 주식회사든 부채가 많다는 것은 그만큼 금융비용이 많이 발생하게

되고 채무로 인한 고통이 따르게 된다는 것을 의미한다.

우리 나라 기업들의 부채비율은 IMF 이전에는 매우 높은 수준이었으나 점차 낮아져서 최근에는 부채가 전혀 없는 회사들이 늘고 있다. 주식투자를 할 때 투자대상 회사의 자본금과 부채비율은 매우 중요한 체크포인트다.

자본금이 100억인 회사의 부채비율이 50%라면 50억 원의 부채가 있다는 것이고, 부채비율이 100%이면 100억 원의 부채가 있다는 것이다. 부채비율이 과도하게 높은 회사, 특히 1년 이내 만기가 돌아오는 단기부채가 많은 회사는 투자를 피하는 것이 좋다.

부채비율과 관련해서 또 하나 기억해야 할 점은 초기비용이 많이 들거나 장치산업과 같이 많은 시설투자를 해야 하는 건설, 화학, 자동차 업종 등은 다른 산업에 비해 전반적으로 부채비율이 높다. 따라서 부채비율을 분석할 때, 동종 업종의 평균이나 경쟁회사와 비교해야지 의미 있는 분석이라 할 수 있다. 즉, LG전자의 부채비율은 삼성전자와 비교할 때 의미가 있는 것이다. 현대차나 GS건설, LG화학, 삼성전기 등과 비교한다면 큰 의미를 둘 수 없다.

유보율

유보율은 부채비율과 반대의 개념이라고 이해하면 된다. 유보율은 높을수록 좋다. 주식회사는 수익이 나면 주주총회를 거쳐 수익의 일정부분은 배당을 통해 주주에게 환원하고 나머지는 회사에 유보한다.

즉, 회사의 총수익 = 배당 + 사내유보가 된다. 이때 어떤 회사는 주주 우선 정책의 일환으로 배당을 많이 하는 회사가 있는가 하면 배당보다는 사내 유보를 많이 하는 회사도 있다. 회사의 오너나 최고경영자의 경영방침, 회사의 정책에 따라 배당성향과 사내 유보율이 결정된다. 투자자의 입장에서는 회사가 수익을 낼 경우 배당을 많이 하는 회사를 선호하지만 배당을 너무 많이 할 경우 회사에 충분한 자금을 유보하지 못하기 때문에 미래의 성장 동력이 저하될 위험도 있다.

통상적으로 유보율이 높은 회사는 재무안정성이 뛰어나며 풍부한 재원을 바탕으로 향후 신규 사업이나 새로운 시장개척에 뛰어들 수 있는 자금력을 갖추었다고 볼 수 있다. 또한 유보율이 월등히 높은 회사는 무상증자를 통해 주주에게 이익을 환원하는 경우도 있다. 하지만 유보율이 너무 높거나 오랜 기간 동안 많은 현금을 보유만 하고 있는 회사는 보수적인 경영으로 인해 성장성이 떨어지는 경우도 있다는 점에 유의해야 한다. 유보율 역시 동종업종 내 경쟁업체와 비교하는 것이 좋다.

지금까지 기본적 분석에서 기초가 되는 양적분석의 개념들을 간단히 살펴보았다. 이렇게 많은 지표들을 어떻게 다 따져보고 투자하는지 복잡하다고 생각을 할 수도 있다. 그러나 소중한 자산을 투자하기 위해서 이 정도의 수고로움은 아무것도 아니다. 기본적 분석을 처음 할 때는 다소 힘들고 시간이 오래 걸릴 수 있지만 꾸준히 하다 보면 1~2분이면 충분히 분석할 수 있을 정도로 매우 단순하다.

기본적 분석에는 양적분석 외에도 질적분석으로 CEO의 역량, 기업문화, 브랜드 가치 등 투자를 할 때 검토하고 감안해야 할 요소들이다.

기본적 분석은 아주 중요한 투자의 한 과정이다. 잠자리에 들기 전에 자연스럽게 양치질을 하듯이, 주식투자라면 반드시 습관화해야 한다.

성공투자를 위한 기술적 분석

기본적 분석이 투자의 가부를 결정하기 위한 목적이라면 기술적 분석은 기본적 분석을 통해서 투자를 해도 좋다는 결정이 나면 투자시점을 언제로 잡을 것인지, 투자시기를 결정하기 위해서 한다. 지금이 살 때인지, 팔 때인지 아니면 조금 기다려야 할 때인지를 결정하는 것이다.

기술적 분석은 한마디로 차트 분석 기법이라고 할 수 있다.

차트를 잘 보는 것은 '군인이 지도를 잘 보는 것'만큼 중요하다. 운전을 하려면 운전면허가 필요하듯이 차트를 제대로 보지 못한다면 주식면허를 따지 못한 것과 같다. 그만큼 주식투자를 하기 위해서 차트를 잘 보는 것은 매우 중요하다.

차트 보는 법을 공부할 때는 초급, 나중에는 중급 또는 고급으로 책을 보는 것이 좋다. 이때 중요한 것은 기술적 분석에 관한 책을 너무 많이 보지 않아야 한다. 두세권의 책을 깊이 있게 공부하는 것이 실전투자를 하는 데 훨씬 더 많은 도움이 된다. 증권사 사이트에서 동영상강의를 무료로 이용하거나 증권업협회 사이트에 있는 '만화로 보는 증권시장'도 도움이 된다.

주식투자를 하면서 차트를 보지 못하는 것은 운전하는 사람이 도로표지판을 읽지 못하고 내비게이션 작동방법을 모르는 것과 같다. 도로표지판과 지도를 볼 줄 알고, 내비게이션을 작동할 수 있다고 해서 모두가 안전운전을 하고 모범운전자가 되는 것이 아닌 것처럼 차트를 보는 능력은 투자의 기본요소다.

기술적 분석의 중요한 요소는 '차트'와 '거래량'이다.

주가 차트는 봉(Candle)과 이동평균선으로 이루어진다. 어느 한 회사의 주가 흐름을 봉으로 나타내는 것으로 하루의 주가 흐름을 나타내는 '일봉', 한 주간의 흐름을 나타내는 '주봉', 한 달간의 흐름을 나타내는 '월봉' 등이 있다. 이동평균선은 일정기간의 주식의 평균가격을 나타내는 것으로 5일, 10일 단기이동평균선, 20일, 60일 중기이동평균선, 120일, 240일 장기이동평균선 등이 있으며 20일 이동평균선을 가장 중요하게 판단한다.

거래량은 매매가 얼마나 이루어졌는지를 보는 것이다. 주식의 거래량이 늘거나 줄었다는 것은 돈의 흐름을 나타내는 것으로 일반적으로 주식의 거래량이 평상시보다 5~10배 정도 급격히 늘거나 줄면 조만간 주가가 크게 요동치는 경우가 많다. 흔히, 거래량을 '주가의 선행지표'라고 하며 주가는 '거래량의 그림자'라고 한다.

기술적 분석에 쓰이는 도구로는 차트와 거래량뿐 아니라 수많은 보조지표들이 있다.

보조지표의 종류만 해도 100가지가 넘는다. 많은 주식투자자들은 남들보다 더 빨리, 더 정확히 주가의 흐름을 알기 위해 다양한 보조지표를 공부하고 적용한다. 하지만 종종 가장 중요한 주지표인 차트와 거래량은 무시하고 보조지표만 중시하는 큰 잘못을 저지르기도 한다.

개인투자자는 투자를 실패하면 그 이유를 기술적 분석에서 찾는 경우가 많다. '차트를 잘 보지 못해서 투자에 실패했다'는 것이다. 주식투자를 처음 시작하는 사람이 차트 보는 방법을 익히게 되면 세상의 돈이 모두 내 것이 된 것처럼 즐거워 한다. 열심히 차트 보는 방법을 배우면 투자에 성공할 것이라고 굳건히 믿고 많은 시간과 노력을 투자한다. 하지만 점차 시간이 지나고 끊임없이 변화하는 시장을 경험하고 나면 이때부터는 차트 무용론에 빠지는 사람이 많다.

차트가 성공투자의 전부는 아니지만 중요한 요소임에는 틀림없다. 지도를 잘 본다고 모두가 훌륭한 군인은 아니다. 하지만 훌륭한 군인은 지도를 잘 해석한다.

　개인투자자의 경우 기술적 분석을 배우고 난 후 모든 투자를 기술적 분석에만 의존한 채 기본적 분석은 소홀히 하는 경우가 많다. 그러나 기본적 분석을 항상 기술적 분석보다 우선해야 한다. 기본적 분석을 통해서 좋은 평가가 나온 회사 가운데 기술적 분석에서도 좋은 모습일 때 의미가 있는 것이지 아무리 기술적 분석 상 좋은 회사라 해도 기본적 분석이 부실한 평가를 받는다면 이는 아무 의미가 없다. 절대 투자를 해서는 안 된다.
　세상 모든 일은 기본을 배우고 나서 기술을 익히는 것이 순서다.

유가와 금리가
주식시장에미치는 영향

유가가 경제에 미치는 영향이 워낙 크기 때문에 항상 많은 사람들이 관심을 가진다. 유가가 오르면 국가경제도 마찬가지지만 가계살림도 힘들어진다. 우선 개인은 주유소 가기가 부담스럽고 기업은 비용이 커져 수익성이 악화된다. 이처럼 기름값이 오르면 우리나라는 이점은 없고 불리한 점 뿐이다. 당연히 주식시장도 타격을 받는다. 특히 석유와 관련한 중간재를 이용하여 석유화학제품을 생산하는 회사는 원재료가격이 상승하여 실적이 급격히 악화된다.

그렇다면 유가가 오를 때 주가가 좋아지는 주식은 없을까?

자원개발 관련주와 대체에너지 관련 회사는 좋다. 해외유전이나 광산 등 원자재를 보유한 SK에너지, 대우인터내셔널, LG상사 등이 수혜를 볼 수 있다. 그러나 이는 제한된 수혜이며 유가가 급등할 때, 투자자들의 관심은 풍력, 태양광, 원자력 등 대체에너지 관련 회사에 쏠린다. 또한 전기자동차 관련 회사의 주가도 상승한다. 대체에너지 관련 회사는 녹색성장, 친환경과 관련해서 향후에도 성장 잠재력이나 시장전망이 매우 밝기 때문에 꾸준한 관심이 필요한 분야이다.

유가가 급등 혹은 급락하는 경우 정유회사는 보편적으로 별 영향이 없다. 그러나 국제유가가 급등락하면 정유회사는 손해보다는 이익을 본다. 국제유가가 상승하면 재빨리 휘발유 소비자가격을 올리지만 하락할 경우 휘발유 가격을 내리는 경우는 별로 없다. 흔히, 항공사는 국제유가가 상승하면 피해주라는 인식이 강하다. 하지만 항공사 역시 국제유가가 상승하면 그 부담을 회사가 떠안는 것이 아니라 승객들에게 부담시키고 국제유가가 하락하면 한참 후에야 인하하기 때문에 회사는 손해를 거의 보지 않는다.

금리와 주식시장의 관계를 경제학에서는 역의 관계라고 한다. 금리가 상승하면 주식시장에는 부정적이고, 금리가 하락하면 주식시장에 긍정적이라고 한다. 이는 경제학뿐 아니라 투자 관련 책이나 각종 자격시험에서도 마찬가지이다. 사람들은 금리가 낮으면 예금을 하지 않고 주식에 투자하고, 금리가 높아지면 주식투자를 하지 않고 예금을 한다는 것이다. 얼핏 맞는 말인 듯하다.

그러나 실제 금융시장에서는 금리와 주식시장의 흐름을 역의 관계가 아니라 정의 관계로 보아야 한다.

금리가 낮다는 것은 경기가 그만큼 좋지 않다는 뜻이다. 따라서 금리가 낮다고 사람들이 예금이나 적금을 하지 않고 주식투자를 하는 것은 아니다. 마찬가지로 금리가 높다는 것은 경기가 좋다는 뜻이다. 따라서 주식시장 돈이 은행 예금으로 빠져나가지 않는다. 주식시장은 금리가 오를 때 하락장이 아니라 강세장인 경우가 많다.

실제로 금리가 오른다고 해서 주식투자 하는 사람이 주식을 팔고 예금을 하거나, 금리가 하락했다고 해서 예금이나 적금을 했던 사람이 해약을 해서 주식투자에 나서는 경우는 거의 없다. 사람들은 금리보다는 각자 개인별 투자성향과 위험 선호도에 따라 의사결정을 한다. 금리의 높고 낮음을 보면서 투자나 예금을 결정하는 경우는 별로 없다.

주식투자를 할 때 주식시장뿐 아니라 환율, 유가, 금리를 잘 살펴야 올바른 투자를 하고 성공투자자가 될 가능성이 높다.

주식시장은 어찌보면 전쟁터와 같다. 자칫 잘못하면 내가 가진 재산을 모두 날리고 목숨까지 끊어야 하는 무서운 곳이다. 주식투자에서 성공한 사람은 사업이나 직장생활을 하는 사람 못지않게 피나는 노력을 해서 얻은 소중한 성과임을 인정해 주어야 한다.

환율이
주식시장에 미치는 영향

주식투자 초보자와 고수의 차이점은, 초보자는 자기가 보유한 주식에 관심이 많은 반면 고수는 주식시장의 큰 흐름을 이해하고 파악한 후, 자신의 주식을 관리한다. 주식투자 고수와 프로의 차이점은, 고수는 주식시장에 관심이 높은 반면 프로는 주식시장뿐만 아니라 환율, 유가, 금리 등 좀 더 넓은 분야까지 시야를 넓힌다. 그만큼 환율과 유가 그리고 금리는 경제와 금융시장에 미치는 영향이 크다.

최근 원/달러 환율이 1,100원대까지 하락했다. 2008년 금융위기 때만 해도 1,500원을 넘었는데, 이제 환율을 1,000원대까지 전망하고 있다. 이처럼 환율이 하락하면 우리경제와 주식시장에는 어떤 영향을 미칠까?

환율이 하락하면 수출업체는 피해를 보고 수입업체는 수혜를 본다.

삼성전자, 현대차, LG전자 등 수출을 많이 하는 회사들은 환율이 하락하면 수출대금으로 달러를 받아 원화로 환전할 때 그만큼 손해를 본다. 외국에서 원자재를 수입하는 철강회사와 식음료회사는 원자재 수입비용이 줄어 수익성이 좋아진다.

환율이 하락하면 수혜를 보는 업종은 항공업종과 여행업종이다. 해외여행을 가는 데 그만큼 비용부담이 줄어들어 해외여행객이 늘어난다. 자녀를 해외에 보내놓은 기러기 아빠들 역시 부담이 줄어든다.

이처럼 환율은 우리 경제와 수출입을 하는 기업들에 직접적인 영향을 준다. 환율은 급등이나 급락 모두 바람직하지 않고 적정 수준에서 유지되는 것이 가장 바람직하다.

외국인들이 우리 나라 주식을 사거나 팔 때, 환율과 앞으로의 환율전망은 중요한 변수가 된다. 2008년 전 세계 금융위기로 우리 나라 종합주가지수는 1,000P까지 급락하고 환율은 1,500원대까지 치솟았다. 이때 외국인들은 우리 나라 주식시장에서 우량주를 쓸어담았다. 주가는 2007년 종합주가지수 2,000P에서 불과 1년 만에 50% 이상 하락했고 환율은 50% 정도 급등한 시점이다. 그 후, 1년이 지나자 종합주가지수는 1,700P까지 상승했고 환율은 1,100원대까지 하락했다. 2008년 금융위기 때 종합주가지수 1,000P 부근에서 우리 나라 주식을 많이 사들인 외국인은 불과 1년 만에 주식시장이 안정을 되찾으면서 70~100% 이상 수익을 냈다.

외국인 투자자의 수익은 이뿐만이 아니었다. 주식을 살 때는 환율이 1,500원대였지만 2009년 환율이 1,100원까지 하락하면서 환차익으로 약 30% 이상의 수익을 보았다. 이처럼 환율은 외국인의 투자결정에 직접적인 영향을 미친다.

IMF 금융위기나 전 세계 금융위기 등 불안감이 확산될 때면 어김없이 주식시장은 급락하고 환율은 급등한다. 외국인 투자자의 입장에서는 더없이 좋은 기회가 아닐 수 없다. 그동안 외국인은 이런 기회를 최대한 활용하여 우리 나라 주식시장에서 엄청난 이익을 보았고 앞으로도 계속 이익을 볼 것이다.

주식투자나 펀드투자를 하는 사람이라면 환율추이와 전망을 관심있게 보아야 한다. 우리 나라의 경제는 다른 나라보다 수출과 수입에 의존하는 비중이 높고 환율이 수입업체와 수출업체의 수익성에 직접적인 큰 영향을 미치고 있다. 또한 외국인이 우리나라에 투자하는 중요한 기준이자 주요 변수이기 때문이다.

시칠기삼(時七技三)

60대 중반 정도 되시는 분이 투자 상담을 위해 찾아오셨다. 그는 2007년에 공기업에서 정년퇴임을 한 후, 여유자금과 퇴직금의 일부인 3억 원을 펀드에 분산투자했다.

2007년은 우리 나라 주식시장이 후끈 달아올라 종합주가지수가 2,000P를 돌파하던 때다. 당시 주식과 펀드투자는 높은 수익률을 자랑하며 최고의 재테크 수단으로 인기가 매우 높아 모든 사람들이 앞다투어 주식을 사고, 펀드에 가입하던 시기였다.

그로부터 1년 후, 미국의 부동산시장에서 시작된 금융시장의 불안은 전 세계 금융시장을 무너뜨렸다. 2,000P를 돌파하고 곧 3,000P까지 치솟을 것만 같던 종합주가지수는 순식간에 반 토막이 되어 1,000P로 곤두박질쳤다. 급기야 인터넷에는 주식시장의 급락을 예측한 미네르바 신드롬까지 생겨났다. 미네르바는 우리 나라 주식시장이 500P까지 추락한다며 가뜩이나 주가하락으로 고통받고 있는 투자자들에게 엄청난 공포심을 불어넣었다.

3억 원을 펀드에 투자한 그는 1년 만에 손실률이 50% 정도라며 크게 낙담했다. 어떤 말도 그에겐 위로가 되지 않을 것 같았다. 아니 내가 어떤 말을 해도 그의 귀에 들어오지 않을 것 같았다. 사실, 나 또한 그가 당면한 상황을 개선할 좋은 해법을 갖고 있지 않았다. 그저 금융시장이 안정되고 경제가 좋아질 때까지 힘들더라도 꿋꿋이 기다리는 것이 유일한 방법이라고 조언해주었다. 그는 인내했고 다행히 글로벌 금융시장이 위기에서 벗어나면서 지금은 반 토막 났던 펀드가 수익을 내고 있다.

지난 20년간 우리 나라 경제와 금융시장을 볼 때 대세 하락기는 평균 22개월을 넘지 않았다. 정말 운이 없어 최고점에 펀드에 투자했더라도 2~3년만 참고 기다리면 손해를 보지 않을 수 있다.

상담 후에 나는 몇 가지 측면에서 안타까운 마음이 들었다.

첫째, 투자 경험이나 지식이 충분하지 않은 상태에서 노년에 위험자산인 주식이나 펀드에 많은 투자를 해서는 안 된다. 나이가 들수록 주식이나 펀드와 같은 위험자산보다는 은행예금이나 채권 같은 안전자산에 투자하는 것이 바람직하다.

둘째, 투자시기를 분산하지 않았다. 미래는 아무도 알 수 없다.

금융시장의 향후 움직임 역시 아무도 모른다. 투자를 할 때는 반드시 여러 번으로 나누어 분산투자를 해야 한다. 특히 큰 금액을 투자할 때는 여유를 갖고 여러 번으로 나누어 투자해야 위험을 줄이고 성공투자를 할 수 있다.

셋째, 운이 없었다. 만약 그가 정년퇴임을 1년만 뒤에 했다면 그는 전 세계 금융시장이 폭락한 시점에 투자를 할 수 있었을 것이다. 종합주가지수 950P~1,000P 때 투자를 했다면 1~2년 후 100%가 넘는 수익을 낼 수 있었을 것이다.

그러나 과연 그가 1년 후인 2008년에 정년퇴임을 했다면 3억 원이라는 큰돈을 한치 앞도 보이지 않고 온통 비관적인 뉴스만 난무하는 증권시장에 투자할 수 있었을까? 라는 의문이 든다. 그때는 기존에 투자하던 사람들도 서둘러 시장을 떠나던 시기였다. 투자여력이 있던 사람들 역시 모두 주식 사기를 두려워하던 때였다.

이처럼 투자의 세계는 가장 안전해 보일 때가 가장 위험하고, 가장 위험하다고 느낄 때가 가장 좋은 기회인 경우가 많다. 위기란, 위험과 기회가 공존하는 시기다. 투자의 세계에서 위험은 곧 돈이다.

소문에 사서
뉴스에 팔아라

2009년 가을부터 발생한 신종플루가 전 세계를 떠들썩하게 했다.

멕시코에서 시작해서 미국 유럽을 휩쓸고 전 세계로 번지면서 우리 나라의 신종플루 감염자 수도 빠르게 증가하더니 급기야 사망자가 발생했다. 정부 당국은 백신확보를 위해 뒤늦게 백방으로 뛰었고 사회전체가 혼란과 불안에 빠졌다.

이 때, 주식시장에서는 신종플루 관련주의 주가가 급등했다.

제약주와 바이오 관련 주식이 한 달도 안 되어 두세 배씩 올랐다. 신종플루와 관련해서 백신과 진단 시약이나 장비를 만드는 회사는 국내에 4~5곳 밖에 되지 않았지만 모든 제약주와 바이오 관련 주식의 주가가 급등하면서 묻지마 열풍이 불었다. 그러다가 신종플루가

잠잠해지자 관련 테마주를 뒤늦게 산 사람들은 엄청난 손실을 봤다.

주식시장에는 수많은 테마주가 있다. 바이오 관련주, 대체에너지 관련주, 4대강 관련주, 자전거 관련주, 게임 관련주, 로봇 관련주, 대중국 관련주, 남북경협 관련주 등등 이루 헤아릴 수 없을 정도다.

테마주의 특성은 테마가 한번 형성되면 단기간에 엄청나게 주가가 급등한다. 그러나 테마주는 실적호전을 동반하지 않고 단순히 막연한 기대감으로 주가가 상승하는 경우가 대부분이다. 단기 급등한 이후에는 반드시 단기 급락이 있다. 테마주 매매에 집착하는 투자자는 처음에는 약간의 수익을 낼 수 있겠으나 결국 엄청난 손실을 본다.

주식투자를 하다 보면 기대감이 있을 때는 주가가 잘 오르다가 막상 그 기대가 현실이 되는 시점에는 주가가 하락하는 경우가 많다. 주가가 기업실적보다 선행하기 때문이다.

투자자들은 당시 대통령 후보였던 이명박 대통령이 당선되면 4대강 관련주가 대박을 터뜨려 줄 것이라고 굳게 믿었다. 하지만 정작 4대강 관련주의 주가가 최고점을 기록한 것은 박근혜 후보와 치열한 경선을 벌이는 시점이었고, 이명박 대통령이 당선되고 한 달도 되지 않아 4대강 관련주는 반에 반 토막이 나서 투자한 사람들은 거의 거덜이 났다. 이러한 예는 부지기수로 많다.

"소문에 사서 뉴스에 팔아라!"

증시격언을 기억하고 실천한 사람은 급락을 피할 수 있었으나 그렇지 않은 사람은 치명타를 입었다. 테마주가 단기간에 급등한다는 것은 단기간에 급락할 위험 역시 그만큼 크다는 것이다.

조선 명종 때 '남사고'라는 선비가 있었다.

그는 천문, 복술, 관상에 능하여 많은 예언을 했다. 조정에 당파가 생길 것이며, 20년 후에는 왜란이 일어나는데 진(辰)년에 일어나면 나라를 구할 길이 있지만 사(巳)년에 일어나면 나라가 망할 것이라고 했다. 또한 사직동에 왕기(王氣)가 있어 다음 임금이 그곳에서 나온다고 했는데 선조 임금이 사직동 잠저에서 왕통을 이어 받았다. 그 후 남사고는 태사성이 흐려지는 것을 보고 자신의 죽음까지 예언했다고 하니 그의 예지능력은 매우 신비로웠다.

이렇게 뛰어난 남사고가 과거를 볼 때마다 낙방하자 사람들이 '자네는 어찌 남의 운명은 잘 알면서 자기의 운명은 모르는가?'라고 묻자 남사고는 '욕심이 동하면 술법도 어두워지기 때문이지요!'라고 했다고 한다.

세상의 이치와 앞날을 볼 수 있는 능력이 있는 사람도 욕심과 탐욕이 생기면 자기 일은 한 치 앞도 보지 못하는 법이다. 투자의 세계에서도 욕심을 버리고 마음을 비워야 중요한 것을 제대로 볼 수 있다.

나만의
투자방법을 찾아라

밴쿠버에서 열린 동계올림픽에서 우리 나라 선수들은 눈부신 투혼으로 감동의 드라마를 연출하여 온 국민을 기쁘게 했다. 특히 기대도 하지 않았던 분야에서 젊은 선수들이 금메달을 따자 흥분은 배가되었다. 쇼트트랙 분야는 여전히 절대 강자였으며 스피드 스케이팅에서 3개의 금메달과 2개의 은메달, 여자 피겨스케이팅에서 김연아 선수가 금메달을 따며 세계를 매혹시켰다.

이 대회가 더욱 특별한 것은 우리 나라가 남녀 500m에서 동시에 우승을 거머쥔 최초의 국가라는 점이다. 모태범 선수와 이상화 선수가 정말 자랑스럽다. 모태범 선수는 1,000m에서도 놀라운 실력으로 은메달을 따냈다. 이승훈 선수는 5,000m에서 은메달을 따고, 10,000m에서 금메달을 땄다.

이승훈 선수는 불과 1년 전까지만 해도 쇼트트랙 선수였는데 국가대표 선발전에서 탈락하자 포기하지 않고 중장거리 스피드스케이팅으로 전향하여 1년 만에 세계최고의 선수가 되었다.

이들 세 선수는 모두 21살, 한국체육대학 1학년 동기들이다. 기성세대들은 세계대회에 나가면 왠지 모르게 기가 죽거나 위축되어 자기 실력을 발휘하지 못했지만 이들 신세대들은 밝은 모습으로 대회를 즐기면서 자기의 기량을 마음껏 뽐냈다. 김연아 선수는 전 국민의 엄청난 기대가 큰 부담이 되었을 텐데도 아름답고 우아한 연기로 세계신기록을 달성하면서 '피겨여왕'으로 등극했다.

동계올림픽을 보면서 '단거리 강자인 모태범 선수가 장거리에 나가고, 장거리의 강자인 이승훈 선수가 단거리에 나갔다면 결과가 어떻게 되었을까' 하고 상상을 해봤다. 김연아 선수가 스피드스케이팅에 나가고 이상화 선수가 피겨스케이팅에 나가면 결과는 어떻게 되었을까. 아마도 형편없는 결과가 나왔을 것이다.

투자를 하면서 가장 중요한 것은 나에게 맞는 투자방법이 무엇인지 알고, 투자원칙을 세우는 것이다.

어떤 사람은 장기투자나 가치투자가 맞고, 어떤 사람은 단기투자나 테마투자가 맞다. 어떤 사람은 직접투자가 맞고, 어떤 사람은 직접투자보다는 간접투자가 맞다. 어떤 사람은 안전한 은행예금이 맞고, 어떤 사람은 부동산투자가 맞고, 어떤 사람은 주식투자가 가장 적합하다. 세상 모든 사람들이 같지 않듯이 투자의 세계에서도 각자에게 맞는 방법이 존재한다.

많은 투자자가 자신에게 맞는 투자방법을 모르고 혹은 알려고 하지도 않고 누군가의 투자방법을 무작정 따라 하다가 낭패를 본다. 단기 매매로 큰돈을 번 사람을 보고 무작정 따라하다 큰 손실을 보는 사람이 있는가 하면 워렌 버핏을 롤모델로 두고 장기투자, 가치투자를 한다면서 수익이 나면 곧바로 팔아버리는 사람도 있다.

좋은 투자방법을 찾는 것보다 중요한 것은 나에게 맞는 투자방법이 무엇인지 알아야 한다. 김연아 선수를 피겨스케이트가 아닌 스피드스케이트나 쇼트트랙에 출전시키고 좋은 성적을 기대하는 우를 범하고 있지는 않은지 곰곰이 생각해 볼 일이다.

나에게 맞는 투자방법 찾기

나의 투자성향, 위험 수용정도에 맞는 투자

- 공격적인 투자자 – 주식 직접투자, 주식형 펀드

  원금비보장 ELS 등

- 중립적인 투자자 – ETF, 혼합형 펀드, 원금보장 ELS 등

- 안정적인 투자자 – 채권형 펀드, 혼합형 펀드, 원금보장 ELS,

  월지급식 ELT 등

금융상품과 투자에 대한 나의 지식수준

- 금융상품과 투자에 대한 지식수준이 높은 사람 – 직접투자

- 금융상품과 투자에 대한 지식수준이 낮은 사람 – 간접투자

투자에 할애할 수 있는 가용시간

- 직접투자를 하기 위해서는 하루 2시간 이상 공부를 할 수 있

  어야 한다.

- 주식시장이 열리는 오전 9시에서 오후 3시 사이에 최소한 1시

  간 이상 자유롭게 주식 시황을 볼 수 있는 사람은 직접투자를

  하고 그렇지 않으면 간접투자를 하는 것이 좋다.

투자 자금의 성격

- 투자를 위해서는 최소 6개월 이상 가용한 자금이어야 하고 2년 이상 투자를 할 수 있어야 투자에 적합하다.

- 수익성을 추구해도 되는지, 안전성을 보장받아야 하는지 구분해야 한다. 절대로 원금이 손실을 보아서는 안 되는 자금이라면 투자를 해서는 안 되고 위험을 감수하고 수익성을 추구해도 되는 자금이라면 투자를 해도 좋다.

마음 편한 투자를 하라

- 내가 하는 것이 투자인지, 투기인지가 헷갈린다면 내 마음이 편한지 불안하지를 살펴보는 것이 좋다. 가장 중요한 것은 마음이 편한 투자를 하는 것이 나에게 가장 적합하고 잘 맞는 투자 방법이다.

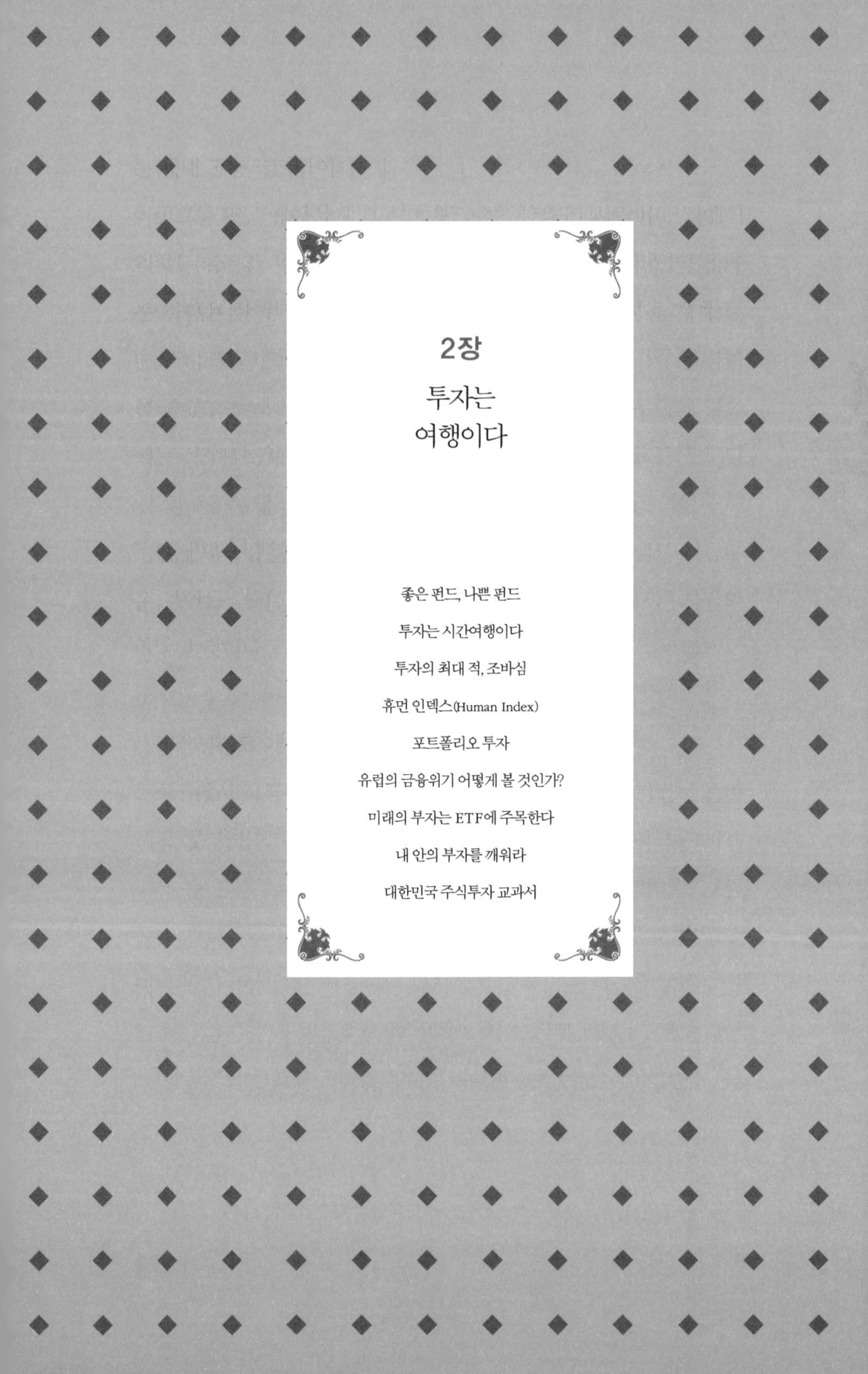

2장

투자는
여행이다

좋은 펀드, 나쁜 펀드

 "좋은 펀드 하나 추천해주세요?"

"투자를 하려고 하는데 어떤 펀드가 좋을까요?"

고객에게 이런 질문을 받으면 선뜻 답변하기가 어렵다.

"글쎄요? 좋은 펀드가 뭘까요." 우문에 현답이다

"내가 가입하고 수익이 아주 많이 나는 펀드가 좋은 펀드죠!"

많은 사람들이 좋은 펀드를 찾기 위해 열심히 노력한다. 좋은 펀드냐, 나쁜 펀드냐에 따라 투자성패가 결정된다고 생각한다. 하지만 아쉽게도 좋은 펀드를 단정해서 말할 수는 없다. 개개인마다 취향이 다르고, 투자성향이 다르고, 위험에 대한 수용정도가 다른데 막연히 모든 이에게 좋은 펀드란 있을 수 없다.

전 세계에서 가장 높은 수익률을 낸 펀드는 피터린치가 운용한

'마젤란펀드'이다. 이 마젤란펀드는 13년 동안 연평균 19%의 기록적인 수익률을 올렸다. 이 이상 좋은 수익률을 낸 펀드는 아직 없다. 13년 동안 마젤란펀드에 가입했던 모든 펀드투자자가 수익을 올렸다고 생각할 수도 있으나 정작 이 펀드에 가입한 사람의 절반 정도는 손실을 보았다. 나머지 절반만 수익을 보았다.

펀드투자에 있어서 중요한 것은 어떤 펀드에 가입하느냐가 아니라 언제 펀드에 가입하고, 언제 환매했느냐 하는 펀드 투자시기이다. '좋은 펀드가 무엇일까?'라는 고민보다 펀드 가입시점은 언제가 좋은지, 내가 보유하고 있는 펀드를 언제 환매하는 것이 좋은지 고민하는 것이 더욱 중요하다.

좋은 펀드를 고르는 것이 펀드투자 성공에 미치는 영향은 10~20% 정도이고 80~90%는 가입시점과 환매시점이 결정한다. 그렇다고 아무 펀드나 들어도 괜찮다는 말은 아니다.

우리 나라의 펀드는 거의 주식형, 혼합형, 채권형 또는 인덱스형, 대형우량주 펀드, 중소형주 펀드, 배당주 펀드 등 펀드 이름만 들어도 그 특성을 대략 알 수 있다. 대형우량주 펀드가 좋은 펀드라고 보면 무난하다. 많은 사람들이 가입하여 운용자산이 큰 대규모의 펀드가 소규모 펀드에 비해 효과적으로 운영되고 있다.

동일한 펀드에 수많은 사람이 가입해도 그들의 수익률은 천양지차이다. 누구는 큰 수익을 내고, 누구는 원금 정도만 건지는 반면 누구는 큰 손실을 본다.

최근에는 수없이 많은 펀드가 넘쳐나고 있기 때문에 혼자서 모든 투자를 결정하기보다 금융기관의 전문가와 상담을 하고 나서 투자를 하는 것이 바람직하다. 매년 건강검진을 받듯이 이제 금융주치의를 두고 정기적으로 재무관리와 투자에 대해 상담을 받는 것이 필요하다. 미국이나 금융선진국들은 이러한 투자문화가 정착된지 오래다.

이제부터는 좋은 펀드보다는 펀드의 좋은 가입시점을 찾으려는 노력을 하자! 이것이 펀드 성공투자의 첫걸음이자 가장 중요한 핵심이다.

투자는 시간여행이다

"손실이 난 펀드 어떻게 하면 좋을까요?"

주식시장이 급락하면 주위 분들께 가장 많이 받는 질문이다.

미국에서 시작된 금융위기가 순식간에 전 세계 금융시장을 쑥대밭으로 만들어 놓았다. 2004년부터 전 국민의 재테크 1순위로 무섭게 성장하던 펀드시장에 찬 서리가 내렸다. 매년 엄청난 수익을 안겨주고, 앞으로도 그럴 것만 같았던 펀드가 수익은커녕 원금대비 수십 퍼센트의 손실을 냈다. 황금알을 낳는 거위로 여겼던 중국, 인도, 러시아, 브라질 등 브릭스펀드와 해외 펀드 역시 원금이 반 토막이 되었다.

펀드 투자자들은 공포의 수준을 넘어 공황과 패닉에 빠져들 만큼 힘든 시기였다. 적립식펀드에 매달 일정액을 투자하던 많은 분들이 투자를 잠정 중단했다. 금융시장이 너무 불안하고, 향후 경기가 더 안 좋아질 것이라는 불안감 때문이었다. 우리 나라의 주식투자나 펀드투자 문화가 아직 빈약한 초기수준이라는 점을 감안해도 씁쓸한 마음을 금할 수 없다.

펀드는 잘 될 수도 있지만, 잘못 될 수 있다는 사실을 늘 염두에 두어야 한다. 이 때문에 펀드는 반드시 장기투자를 해야 한다. 적어도 2~3년 이상 투자하지 않을 것이라면 펀드투자는 피하는 것이 좋다. 시장은 아무도 모르기 때문이다.

적립식 투자의 경우 투자 도중에 주가가 하락하면 이러한 상황을 오히려 기분 좋게 받아들여야 한다. 동일한 금액으로 더 많은 주식을 살 수 있기 때문이다. 하지만 많은 사람들이 적립식 투자를 하면서 수익이 나면 꾸준히 불입하거나 금액을 증액하는 반면 주가가 하락해서 손실이 나면 투자를 중단하거나 중도에 환매를 한다. 이것은 투자를 거꾸로 하는 것이다.

펀드 투자는 거치식과 적립식에 따라 약간의 차이는 있겠지만 가장 중요한 것은 내가 펀드를 환매할 때의 결과이다. 즉, 좋은 시기에 펀드를 환매하는 것이 중요하지 투자하는 중간에 수익률이나 손실률은 아무 의미가 없다.

펀드 투자를 하고 난 후 투자 성패의 중요한 요소는 믿고 기다릴 수 있는 인내와 뚝심이다.

평범한 부부가 펀드 투자로 큰돈을 번 사실이 알려지면서 미국을 떠들썩하게 한 일이 있었다.

1998년 4월, 뉴욕의 브루클린에서 평생을 교단에 몸담았던 밀드레드 오스머(Mildred Othmer)라는 할머니가 세상을 떠났다. 브루클린의 폴리테크닉 대학에서 화학공학과 교수로 일했던 그의 남편인 도널드 오스머(Donald Othmer)가 세상을 떠난 지 3년째 되던 해였다.

두 사람은 브루클린에서 아흔이 넘도록 산 평범한 사람들이었다. 그런데 이들 노부부의 죽음에 대한 이야기가 몇 달 후인 7월부터 뉴욕타임스를 비롯한 각 신문들의 톱을 장식하기 시작했다. 언론에 대서특필된 것은 그들이 남긴 어마어마한 재산 때문이었다. 두 사람 모두 부유한 집안에서 태어나지 않았으며, 평생 복권에 당첨된 일도 없었다. 주식이나 재테크에 뛰어난 실력을 발휘한 것도 아니었다. 그런데 밀드레드 할머니가 세상을 떠나면서, 이들은 무려 7억 7천만 달러를 유산으로 남겼다.

교육자로 평생을 산 노부부는 1950년대 말에 25,000달러를 같은 고향 사람인 워렌 버핏(Warren Buffett)에게, 아니 그가 운영하는 버크셔 해서웨이(Berkshire Hathaway)에 투자하고 오랫동안 기다린 것밖에는 없었다. 버핏이라는 뛰어난 투자자 덕분에 이들 부부는 어마어마한 재산을 갖게 된 것이었다.

당시 주식시장이 고공행진을 했을 때라서, 부부의 유산은 한때 9

억 달러 정도였다. 평생 건실한 삶을 살았던 이들 부부는 자신들의 유산을 대학, 박물관 등에 기부하는 선행을 베풀었다.

겨우 2,400만 원을 투자해서 7,300억 원을 벌었다.

이제 시장과 싸우거나 주식을 이기려고 하지 말자. 힘을 빼고 편안한 마음으로 주식시장과 오랜 시간여행을 즐기자. 아름다운 여행이 끝날 때쯤 우리는 이미 부자가 되어 있을 것이다.

투자의 최대 적, 조바심

투자를 하면서 가장 조심해야 할 것은 욕심을 버려라, 마음의 여유를 가져라, 투기가 아닌 투자를 해라 등등 여러 가지가 있겠으나 그중에서 조바심을 갖지 않는 것이 매우 중요하다.

조선 영조시대, 영의정까지 지내고 90세까지 장수한 정호는 정철의 5대손으로 송시열 문하에서 공부한 매우 촉망받던 선비였다. 그러나 스승인 송시열이 당쟁에 휘말려 사약을 받고 죽자 그는 10년간 과거시험을 포기하고 지냈다. 그러나 형제들의 권유로 36세의 늦은 나이에 다시 공부를 시작해서 과거에 급제한 후 소신껏 봉직해서 최고벼슬인 영의정을 지냈다.

그 후, 80세의 고령으로 고향 충주에 낙향해 낮에는 농사일을 하고 밤에는 글을 읽으며 지냈으니 백성의 칭송이 자자했다. 어느 해 봄, 승지 이형좌가 정호 대감을 찾아뵈니 마침 정 대감은 뒷산에 올라 배나무 묘목을 심고 있었다.

"대감 언제 그 배를 따 자시려고 배나무를 심습니까?"

이형좌는 연세가 80이 넘어 '배는 먹지도 못할 텐데……' 하는 마음에서 여쭌 것인데 정 대감은 그저 껄껄 웃기만 했다.

그로부터 10년 후, 이형좌는 '충청감사'로 지내다가 정대감을 찾아갔다. 노 정승은 여전히 눈도 밝고 귀도 밝았다. 술상에 오른 배를 맛나게 먹는 충청감사를 보던 노 정승이 말했다.

"내 나이 80에 심었으니 90에는 이렇게 먹어본다네. 어떤 일이든 심어야 결실을 보는 걸세. 심지 않고서는 모든 게 허황될 뿐이지."

이형좌는 노 정승의 가르침에 머리를 숙였다.

매년 5월이면 전 세계 투자가의 눈길은 미국의 네브래스카주 오마하로 쏠린다.

오마하는 현존하는 최고의 투자가인 워렌 버핏의 고향이며 평생 그가 살고 있는 곳이다. 워렌 버핏이 회장으로 있는 '버크셔 해서웨이'의 주주총회가 열릴 때면 전 세계의 주주들은 비행기를 타고 오마하로 모여 1주일 동안 시간을 보낸다. 그들이 하는 말 한마디, 한마디, 그들이 하는 행동 하나하나는 곧 세계적인 뉴스가 되고 돈이 된다.

버크셔 해서웨이 주가가 1주당 1억 원 내외인 점을 감안하면 그 회사의 주주는 전 세계의 부호들이다. 워렌 버핏은 매년 주총에서 작년 한 해 동안의 세계경제 흐름과 버크셔 해서웨이의 투자결과를 주주들에게 설명하고 올 한 해 경기 전망과 회사의 투자 계획을 발표한다.

그가 밝힌 투자 계획에 주주들은 10년, 20년, 후를 내다볼 장기투자를 결심한다.

워렌 버핏의 나이가 83세이고, 찰스 멍거는 89세다. 은퇴를 했어도 벌써 했어야 할 80대 노인들이 10년 20년 후를 보고 투자하는데 정작 20~30대인 우리 나라 젊은 투자자들은 10년은 고사하고 1~2년을 기다리지 못한다.

요즘은 펀드가 대중화되어 많은 사람들이 가입하고 있다. 하지만 안타까운 점은 거의 모든 투자자의 투자기간이 1년이나 2년 미만이다. 5년 이상 펀드에 중장기 투자하는 사람은 아직도 찾아보기 힘들다.

펀드 투자에서 높은 수익을 내는 사람들은 통상 3년에서 5년 이상 장기투자를 하는 사람들이다. 투자에서 가장 중요한 것은 인내심을 가지고 기다리는 것이다. 이제부터라도 먼 훗날의 풍요롭고 안정된 노후를 위해 투자의 나무를 심자!

나무를 심었으면 철마다 거름을 주고, 가끔 벌레나 해충을 잡아 주면서 나는 나의 일을 열심히 하면 된다. 그러다 보면 나도 모르는 사이에 조그만 묘목은 거대한 거목이 되어 있을 것이다. 이제는 10년, 20년 뒤의 노후를 대비해서 느긋하게 꾸준히 한 주씩, 한 주씩 사 모았으면 한다. 이것이 우리가 풍요로운 노후를 보낼 수 있는 가장 안전하고 확실한 투자방법이다.

휴먼 인덱스(Human Index)

 "증권사 객장에서 애 울음소리가 들리면 상투다."

증권사 객장에 애를 업은 아줌마가 등장하면 주식시장이 오를 만큼 올랐다는 얘기다. 이와 비슷한 말로 '경제학교수가 주식투자를 할 때가 상투다.', '증권회사 직원이 최고의 사윗감'이라는 얘기가 나오면 주가가 고점에 도달했다는 경고다. 처음에는 그저 우스갯소리로만 여겼는데 시간이 지나고 곰곰이 생각해 보니 일리가 있는 말이었다.

어린아이를 업은 젊은 주부가 얼마 안 되는 돈을 들고 증권사 객장을 찾았으니 이미 투자할 만한 사람들은 모두 투자를 했다는 소리다. 경제학교수가 주식투자에 나섰다는 말은 이론적으로 가장 해박한 사람들마저 흥분에 휩싸였다는 증거이므로 이미 좋은 시절은

다 갔다는 뜻이다. 증권사 직원은 주식시장의 등락에 따라 증시가 호황일 때는 판사, 검사, 의사를 제치고 신랑감 후보 1등이 되기도 하지만 불황일 때는 노숙인과 동급이 된다.

월가의 거부였던 조지프 케네디는 구두닦이 소년이 자신에게 투자할 종목을 물어오자 가지고 있던 모든 주식을 팔았다. 얼마 후, 대공황이 발생했지만 그는 재산을 지킬 수 있었다. 구두닦이 소년의 돈까지 주식시장에 들어왔다면 이미 들어올 돈은 다 들어왔으며 주가는 당연히 정점을 찍고 떨어질 일만 남았다고 판단한 것이다. 전설적인 투자자인 앙드레 코스톨라니 역시 식당에서 종업원이 투자할 종목을 물어오자 상투라고 생각하고 주식을 팔았다는 일화가 있다.

몇 년 전 중국펀드 열풍이 불었던 적이 있다.

그 당시 중국펀드는 1년 만에 50~100%의 수익을 냈다. 적금을 깬 사람들이 '차이나펀드'에 가입했고 한번도 투자를 하지 않았던 사람들도 돈을 들고 객장에 나왔다. 펀드에 가입하는 고객도, 금융권에서 근무하는 직원도 오로지 '차이나펀드'였다. 단 1년 만에 10년 치 이자가 나오는 말 그대로 대박이 연이어 터진 것이다. 중국의 과열을 염려하는 목소리도 있었지만 중국 주식시장의 거침없는 상승세에 묻히고 말았다.

어느 날, 출근해서 신문을 보니 '중국의 맹인 안마사가 주식투자에 나섰다'는 기사가 톱뉴스를 장식하고 있었다. 문득 미국의 '구두 닦이 소년'이 생각났다. 그리고 얼마 지나지 않아 '중국의 소림사 스님들이 증권사 객장에 나와 주식투자에 열을 올린다.'는 기사를 보았다. '맹인 안마사에 이어 깊은 산 속에서 도를 닦는 스님들의 돈까지 나왔다면 이제 더 이상 무슨 돈이 들어올 수 있겠는가'라는 생각이 들었다. 나는 차이나펀드에 가입한 고객에게 전화를 드려 펀드환매를 권유했다. 많은 분들이 펀드를 환매했지만 몇몇 고객은 과도한 믿음으로 투자를 계속했다. 그리고 얼마 후, 중국증시는 폭락을 거듭했고 펀드에 투자한 금액은 반 토막이 되었다.

1년에 한 번 초등학교 친구들과 모임을 한다. 이때 친구들 사이에서 주식투자로 돈을 벌었다고 자랑하며 마치 투자의 대가인 양 폼을 잡는 친구가 있으면 대개 그 때가 상투였다. 주식투자해서 큰 손실을 보았다며 주식의 '주'자도 꺼내지 말라고 하거나 몇 년 전 주식투자로 돈을 벌었다고 자랑하던 친구가 꿀 먹은 벙어리가 되면 그 때가 바닥이었다.

뭐니 뭐니 해도 가장 정확한 지표는 상갓집에서 누군가 주식이나 펀드에 대해서 물어본다면 그때는 여지없이 상투였다. 엄숙하고 정숙해야 할 상갓집에서조차 주식이 화제라면 활황장세의 끝이라고 보면 정확하다.

인간지표(Human Index)는 그 어떤 투자지표보다 신뢰도가 높다.

포트폴리오 투자

개미투자자는 투자에 대한 지식이 부족해 묻지마 투자를 일삼고, 늘 투자에 실패하는 사람이라는 인식이 많았다. 그러나 요즘 개미투자자 중에 상당한 실력을 갖춘 사람들을 '스마트 개미'라고 한다. 투자에 대한 전문지식과 투자원칙을 가지고 기관투자자나 외국인투자자 못지않게 뛰어난 투자성과를 내는 전문투자자들이 점차 늘고 있다. 하지만 아직도 많은 개인투자자들이 '스마트 개미'로 진화하지 못하고 여전히 주식시장에서 동네북 신세를 면치 못하는 것 또한 사실이다.

개인투자자들의 투자 형태를 보면 크게 세 가지로 분류할 수 있다.

첫째, 무조건 한 종목에 몰빵 투자를 한다.

이들은 '도 아니면 모'라는 심정으로 오로지 한 종목에 올인을 하지만 안타깝게도 '모'보다는 '도'가 나오는 경우가 많다.

둘째, 백화점식 잔고를 보유한다.

이들은 일단 주식을 사고 손실이 나면 죽어도 팔지 않고 본전을 되찾을 때까지 기다린다. 이런 식으로 투자를 하다 보니 투자기간이 길어지면서 점차 보유종목이 늘어 10종목 심지어는 20종목을 넘어 나중에는 자신이 무슨 종목을 갖고 있는지조차 모르게 된다.

셋째, 스마트하다.

이들은 보통 2~3종목을 보유하고 좀처럼 5종목 이상 보유하지 않는다. 종목이 분산될수록 관리하기 힘들고, 투자의 효율성이 떨어지기 때문이다.

포트폴리오 투자는 위험을 줄이고 수익을 늘리기 위해서 여러 종목에 나누어 투자하는 방법이다. 주식투자를 하는 사람들은 포트폴리오 투자법을 모두 알고 있고 실제 투자에서도 많이 활용하고 있다. 그런데 포트폴리오 투자를 잘못 이해하고 투자를 하는 투자자를 종종 본다.

포트폴리오 투자를 한다면서 삼성증권, 현대증권, 미래에셋증권 SK증권, 한화증권 등 증권주만 여러 종목 사놓고 흡족해 한다. 또한 현대차, 기아차, 쌍용차를 사거나, KB금융, 하나금융, 신한지주를 산다.

한 종목이 아닌 여러 종목에 나누어 분산투자를 하면서 포트폴리오 투자를 잘 하고 있다고 착각하는 경우다. 이처럼 비슷하거나 같은 업종에서는 아무리 종목을 늘려 투자를 해도 위험이 줄어들지 않는다.

서로 상관관계가 반대인 종목을 보유할 때 위험분산의 효과 즉 포트폴리오 효과를 볼 수 있다. 경기에 민감한 IT, 자동차, 금융주 등은 경기방어주인 제약주나 식음료주와 같이 산다. 환율이 변동할 때마다 이익을 보거나 손실을 보는 손익이 반대되는 수출 관련주와 원자재를 수입에 의존하는 수입업체주식을 사거나 혹은 국제유가 상승에 피해를 보는 업체와 대체에너지 관련주를 함께 사면 분산투자효과를 기대할 수 있다.

그러나 완벽한 포트폴리오 분산투자는 위험을 줄이는 효과는 있으나 기대수익 역시 그만큼 줄어들 수밖에 없다. 100% 완벽하게 위험을 제거하는 방법은 투자를 하지 않는 것이다. 모든 투자는 항상 기대수익에 상응하는 위험이 따르게 마련이다. 기대수익률을 최대한 높이면서 위험을 줄이거나, 위험을 최소화하면서 기대수익률은 훼손하지 않는 것이 가장 효율적인 투자방법이다. 개개인의 성향과 스타일이 모두 다르듯 나에게 맞는 포트폴리오 투자법이 무엇인지 알고 투자를 해야 한다.

'포트폴리오 투자'는 크게 두 가지로 나눌 수 있다.

첫째, 우리가 흔히 알고 있는 종목분산 포트폴리오다.

투자 종목을 몇 개로 분산하여 투자위험을 줄이는 방법이다. 자산을 부동산과 예금과 펀드와 주식에 나누어 투자하는 것이 포트폴리오 분산 투자이다.

부동산은 아파트, 상가, 임야 등에 나누어 투자할 수 있다.

펀드 투자를 한다면 국내형 펀드와 해외형 펀드로 나눌 수 있고, 국내형 펀드 역시 대형우량 펀드와 중소형 펀드, 배당형 펀드 등으로 나눌 수 있다. 해외형 펀드는 브릭스 펀드와 유럽 펀드 등으로 나뉜다. 주식투자 포트폴리오 역시 성격을 달리하는 종목으로 나누어 투자하면 된다. 투자자들은 종목분산 포트폴리오를 잘 알고 있고 실제 투자에서 어느 정도 실천하고 있다.

둘째, 포트폴리오 투자는 시간 포트폴리오다.

투자시기를 나누어 분산투자하여 위험을 줄이는 방법이다. 삼성전자 주식을 매수할 때 한 번에 전부 매수하는 것이 아니라 두세 번 정도로 나누어 분할 매수하는 방법이다. 주식을 팔 때도 마찬가지로 한꺼번에 매도하는 것이 아니라 몇 차례로 나누어 팔면 투자위험을 많이 줄일 수 있다.

펀드 투자에서 매월 일정금액을 투자하는 적립식 펀드는 한꺼번에 목돈을 투자하는 거치식펀드보다 위험을 줄일 수 있으면서 높은 투자 수익을 기대할 수 있는 것이 최대의 장점이다.

큰돈을 한꺼번에 펀드에 투자하는 것은 잘 될 수도 있지만 위험 역시 매우크다. 이런 경우에는 반드시 몇 차례로 나누어 투자하는 것이 좋다. 예를 들어 5,000만 원을 주식형 펀드에 투자할 생각이라면 한 번에 5,000만 원을 몽땅 투자하는 것이 아니라 이번 달에 1,500만 원 투자하고 나머지 3,500만 원은 CMA통장에 넣은 다음 2개월 후에 다시 1,500만 원을 투자하고, 다시 2~3개월 후 2,000만 원을 투자하는 방법이다. 이럴 경우 내가 투자하는 5,000만 원은 6개월 동안 3번에 걸쳐 분산투자가 되므로 위험을 크게 줄일 수 있다.

펀드를 환매할 때도 마찬가지다.

펀드투자에서 가장 중요한 것은 투자시점과 환매시점을 언제로 하느냐이다. 특히 펀드 환매시점은 수익과 손실을 확정짓는 펀드투자에 있어 가장 중요한 핵심 요소이다.

큰돈이 투자된 경우는 그 중요성이 훨씬 크다. 반드시 한꺼번에 환매하지 말고 두세 차례로 나누어 환매하는 것이 좋다. 또한 돈이 필요해서 그동안 투자했던 펀드를 환매하거나 주식을 매도해야 할 경우에도 그 즉시 투자전문가에게 돈이 언제까지 필요하니 펀드나 주식매도 시점을 상담하는 것이 좋다.

갑자기 전화를 해서 펀드를 환매하거나 주식을 팔아달라고 하면 당황스러울 때가 많다. 미리 환매시점을 상담했다면 조금씩 분할환매를 할 수 있었을 텐데 하는 아쉬움이 든다. 급하게 환매할 경우에는 그만큼 좋은 기회를 잡기가 힘들다.

"세상에서 가장 어리석은 일은 주식시장의 미래를 예측하는 것이다."

세계에서 투자를 가장 잘 한다는 워렌 버핏이 한 말이다.

미래는 아무도 알 수 없다. 주식시장의 앞날 역시 그 누구도 모른다. 모르는 앞날을 예측하고 고민하기보다는 우리가 할 수 있는 분산투자와 분할매도를 통해서 위험을 줄이는 방법이 현명하다. 나누어 사고, 나누어 팔면서 위험을 줄일 수 있다면 마음이 조급해질 이유가 없다. 느긋하게 평정심을 유지하며 행복한 투자를 할 수 있다면 이미 절반은 이기고 투자를 시작할 수 있다.

유럽,
금융위기 어떻게 볼 것인가?

그리스의 금융위기가 점차 이탈리아, 스페인, 프랑스 등으로 확산되면서 전 세계 금융시장을 혼란에 빠뜨리고 있다. 유럽증시는 물론이고 미국, 아시아 등 전 세계 증시가 유럽발 악재로 곤두박질치고 있다. 이미 미국발 서브프라임 모기지론 사태로 급락장을 경험한 투자자들은 더욱 두려움이 크다.

유럽 국가들은 단일통화인 유로화를 사용한다. 어느 한 나라의 금융위기는 곧바로 다른 유럽 국가들에 직격탄이 된다. 그리스 문제가 점점 심각해지자 독일과 프랑스 등 유럽 국가들의 정상과 재무장관이 긴급회의를 열어 금융위기를 겪고 있는 그리스에 긴급금융지원을 하기로 결정했고, 미국과 IMF에서도 적극 지원하기로 하면서 급한 불을 껐다. 하지만 아직도 넘어야 할 산이 많다.

한 가정도 경제적으로 파탄에 이르면 회복하는 데 오랜 시간과 고통이 따른다. 하물며 한 국가가 금융위기에 빠지면 빠른 시간에 회복하기란 매우 어려운 일이다. 이번 유럽 국가들의 긴급금융지원은 중환자에게 산소마스크를 씌우고 모르핀을 투여한 정도라고 보면 된다.

IMF의 지원을 받았던 한국은 구제 금융을 가장 빨리 상환하면서 전 세계를 깜짝 놀라게 했다. 온 국민의 '금 모으기 운동'과 뼈아픈 고통을 감수하는 혹독한 구조조정을 거쳐 힘겹게 IMF 구제 금융에서 벗어날 수 있었다.

그러나 유럽에선 구조조정에 반대하는 시위가 벌어지고 있다.

유럽 국가들의 생산성은 관광산업이 매우 큰 비중을 차지하고 있다. 한국은 반도체, 조선, 자동차 등 세계적인 경쟁력을 갖춘 산업이 있어 빨리 경기회복을 할 수 있었지만 유럽은 한국과는 달리 경제가 정상화 되는 데 오랜 시간이 걸릴 전망이다.

우리 나라를 비롯한 아시아 국가들이 금융위기를 겪을 때 유럽이나 미국, 일본 등 선진국들은 거의 영향을 받지 않았다. 하지만 2008년 미국발 금융위기나 2011년 유럽 국가들의 금융위기는 전 세계 금융시장에 엄청난 충격을 주고 있다. 그만큼 이들 나라가 전 세계에서 차지하는 비중이 크고, 예전과 다르게 글로벌 금융시장이 거의 하나로 이루어져 한 나라의 호재와 악재가 실시간으로 다른 나라에 영향을 미치고 있다.

유럽 국가들의 금융위기는 2008년 전 세계 금융시장이 무너진 이후 회복하는 국면에 터진 큰 악재임에 틀림없다. 하지만 결국에는 우리 나라와 중국, 인도, 브라질 등 이머징마켓 국가들에게는 큰 기회가 될 것이다. 지금 당장은 부담스럽겠지만 이는 성장통이며 이 위기를 잘 넘기고 나면 우리 나라와 아시아 국가들은 전 세계 금융시장에서 차지하는 비중이 더 커질 것이다.

그동안 전 세계의 투자 자금은 미국, 유럽, 일본 등 선진국에서 조달되었으나 이제는 아시아 국가들과 이머징마켓 국가들이 대신할 가능성이 매우 높아졌다.

미래의 부자는
ETF에 주목한다

재테크의 중요성이 부각되면서 많은 사람들이 경제신문과 경제 관련 뉴스를 보면서 재테크 정보에 관심이 높다.

재테크의 첫걸음은 경제신문을 읽고 뉴스를 보면서 실생활과 연계시켜보는 습관을 기르는 것이다. 신문에 나오는 경제기사나 금융뉴스를 꼼꼼히 살펴보는 습관을 갖는 것이 부자로 가는 첫 번째 지름길이다.

금융시장에는 수많은 투자 상품들이 쏟아져 나오는데 솔직히 전문가라고 하는 금융회사 직원들도 잘 모르는 상품이 많다. 사정이 이렇다 보니 예금, 주식투자, 펀드 정도만 알고 있는 일반인들이 새로운 금융상품을 이해하고 투자를 결정하기는 어려운 것이 현실이다.

거의 모든 사람들이 1~2개씩 들고 있는 적립식펀드도 10년 전에는 생소한 상품이어서 선뜻 가입하지 못했다. 적립식펀드만큼이나 일반인들에게 보편적인 투자 상품이 될 ETF(상장지수펀드, Exchange Trade Fund)란 개념을 쉽게 이해하기 위해서는 예전에 어린 아이들에게 인기가 좋았던 '종합선물세트'를 생각하면 된다.

세트메뉴라고 생각해도 좋다. 세트메뉴는 업종별 특성에 따라 종류도 다양하고 가격도 낱개로 주문하는 경우보다 저렴해서 인기를 끌고 있다.

ETF는 어느 특정한 종목을 선택하는 것이 아니라 다양한 상품을 하나로 묶어놓은 세트상품이다. 주식시장에서 시가총액이 가장 큰 1위부터 200위까지 회사를 묶어놓은 상품이 KODEX200*이다. 주식시장에서 거래되는 자동차회사를 전부 포함해서 묶어놓은 상품이 KODEX자동차이며, 반도체회사의 경우에는 KODEX반도체라 한다. 국내뿐 아니라 일본주식으로 이루어진 KODEX Japan, 중국 주식으로 이루어진 KODEX China, 브라질에 투자하는 KODEX Brazil 등이 있다.

한 회사가 아닌 여러 회사를 묶어 놓은 상품에 투자를 하는 가장

---

* ETF 중 삼성자산운용의 KODEX를 예로 들었지만, 미래에셋맵스의 TIGER, 우리자산운용의 KOSEF 등 다양한 ETF가 출시되어 거래되고 있다.

큰 이유는 개별기업에 투자할 때 올 수 있는 위험을 줄이고 분산투
자의 효과를 누리기 위해서이다.

  2005년 1,000P 정도였던 종합주가지수가 2007년 2,000P를 넘어
서면서 불과 2년 만에 두 배 이상 올랐다. 하지만 이 당시 주식투자
를 하던 개인투자자들은 사상 최고로 상승하는 주식시장에서 철저
하게 소외당했다. 종합주가지수가 두 배 오르는 동안 외국인과 기
관투자자들이 주로 보유하거나 매매하는 우량주는 몇 배씩 주가가
뛰었지만 개인투자자들이 보유하고 있는 종목들의 주가는 거의 상
승하지 않았다.
  개인들이 선호하는 코스닥시장의 주식들은 오히려 주가가 하락
했다. 사상최고로 상승하는 주식시장에서 수익은커녕 손실을 보고
있다는 사실에 개인투자자의 박탈감은 극에 달했다. 이러한 현상은
일시적인 것이 아니라 앞으로 핵심우량주인 블루칩과 중소형 개별
주의 주가차별화 현상은 점점 심화될 것이다. 아무리 열심히 주식
투자를 해도 대형우량주를 보유하지 못하면 시장에서 소외된다.
  개인투자자가 시장을 좌지우지했던 80~90년대에는 그들이 선호
하던 증권, 은행, 건설주 등이 시장을 이끌었다. 그 당시에는 주식
시장이 폭등하면 주식투자를 하는 사람들은 대박이 터졌고, 주식시
장이 폭락하면 쪽박을 찼다. 그러나 IMF 이후 2천 년대에 들어서는

외국인이나 기관투자자의 대형우량주가 시장을 이끌고 있다. 시장이 상승하든 하락하든 대형주를 보유하거나 매매하는 개인투자자는 그나마 괜찮지만 중·소형주나 코스닥 주식을 매매하는 개인투자자는 주식시장의 흐름과 상관없이 매번 곤란에 처하고 있다.

언제까지 주식시장과 외국인과 기관투자자를 탓할 수만은 없다. 세상이 변했으면 그 변화에 맞추어 나를 바꿔야 살아남을 수 있다. 나는 변하지 않고 세상만 원망한다면 세상이 변하는 것이 아니라 내가 사라지는 것이 세상의 이치다.

이제 개인투자자도 금액의 많고 적음에 상관없이 반드시 투자금액의 절반 이상은 대형우량주나 우량주 펀드에 투자하여 시장의 흐름에 맞추어가야 한다. 이때 가장 좋은 투자방법이 바로 ETF투자이다.

ETF 투자는 업종 투자를 하는 경우에도 매우 유용하다. 향후 반도체산업이 유망할 것으로 예상되는데 삼성전자 주식은 너무 비싸고, 하이닉스 주식은 상대적으로 가격은 싸지만 안정성이 의심된다. 이런 경우 'KODEX반도체'를 사서 삼성전자와 하이닉스를 동시에 매수하는 것이다. 향후 자동차산업이 유망하다고 생각되는데 현대자동차와 기아차, 대우차 중에서 어느 회사가 더 좋을지 망설여진다면 'KODEX자동차'를 사면 된다. 금융업이나 IT업종 등 다양한 업종에도 ETF는 존재한다.

이처럼 ETF는 주식시장 전체에 투자하는 방법과 특정한 업종과 특정한 국가에 투자하는 방법 등 다양한 투자전략이 가능하다. 또한 ETF 투자는 그 자체로 포트폴리오가 구성되며 단기매매보다는 중장기투자에 적합하다.

100개가 넘는 ETF 상품이 출시된 한국은 아시아에서 가장 많이 ETF가 거래되는 나라이다. 금, 콩, 구리, 농산물 등 상품을 대상으로 하는 ETF도 다양하게 출시되어 있다. 지수가 상승할 때 인덱스펀드와 같은 효과를 볼 수 있는 인덱스 ETF와 그 효과를 두 배로 한 레버리지 ETF도 있으며, 지수가 하락할 때 수익이 나는 인버스ETF도 있다.

ETF를 잘 활용하면 선물이나 옵션에 투자하지 않고도 레버리지 투자와 주가가 하락할 때 위험을 줄이거나 수익이 날 수도 있는 다양한 투자방법과 전략이 가능하다. 개별주식이 아닌 주식형, 국내형, 해외형, 섹터형, 그룹형, 상품형 등 ETF만 가지고도 완벽한 투자를 할 수 있기 때문에 ETF의 선호도는 점점 더 늘어날 것이다.

우리 부모님 세대에는 열심히 일해서 돈을 모아 땅을 사는 것이 최고의 재테크였다면 지금은 ETF에 매월 투자하는 것이 20~30년 후에 부자가 되는 가장 확실한 방법이다. 젊어서부터 꾸준히 ETF에 투자하는 것이야 말로 노후 준비를 위한 최고의 투자이다.

2009년 이후, ETF 상품이 수익률 상위를 휩쓸고 있다는 사실을 모르는 사람이라면 지금부터라도 열심히 ETF를 공부해야 한다. 이미 투자의 고수들은 실제 투자로 성과를 내고 있다. 평범한 사람이 미래의 부자가 되기 위해서는 하루라도 빨리 ETF와 친해져야 한다.

내 안의 부자를 깨워라

평범한 개인이 주식과 부동산 투자로 45억을 벌었다. 그 후, 그는 45억을 모두 손실 보고 깡통을 찼다. 좌절의 늪에 빠져 방황하던 그는 와신상담 각고의 노력으로 다시 35억을 벌었다. 영화나 드라마에 나올 법한 이 이야기의 주인공은 '브라운 스톤'이다. 브라운 스톤은 필명이며 우리 나라 사람이다. 최근에 그는 필명을 브라운스톤에서 '황석'으로 바꾸었다.

투자의 세계에서 성공한 사람은 많다. 그러나 『내안의 부자를 깨워라』에 소개된 그와 같은 경우는 드물다.

그는 대학과 대학원에서 투자론을 전공했으며 직장생활을 하면서 주식과 부동산 투자를 병행했다. 대부분 주식투자를 하는 사람은 주식투자만 하고, 부동산 투자를 하는 사람은 부동산투자만 한다. 그러나 그는 주식투자와 부동산투자를 병행하여 45억이라는 큰 돈을 벌었다. 그러나 욕심을 부리다 처절하게 실패를 한다.

투자가 어려운 것은 아무리 잘하는 사람도 한순간 엄청난 실수를 할 수 있다는 것이다. 골프나 당구, 탁구, 수영은 물론 어떤 분야의 공부이든 어느 정도 수준에 다다르면 기본실력은 유지를 할 수 있다. 그러나 투자는 예외다. 종잣돈 1억으로 45억까지 만든 사람이 순식간에 45억을 모두 날릴 수 있는 것이 투자의 세계다. 영원한 승자도 영원한 패자도 없다. 그래서 투자의 세계가 매력적인 동시에 무서운 것이다.

큰 성공 이후, 역시 큰 실패를 맛본 황석은 왜 투자에 실패했는지 철저하게 원인을 분석하고 투자와 관련된 책들을 독파한다. 그리고 재기에 성공하여 35억 원을 벌었다. 지금은 직장에서 은퇴하여 가족과 함께 외국에 살면서 재테크 칼럼과 투자와 관련된 책을 쓴다. 물론 개인적인 투자는 지금도 계속하고 있다.

'처음에 45억을 벌 때는 실력보다 운이 좋았습니다. 그러나 망하고 난 후, 35억을 벌 때는 철저히 제 실력이었습니다.' 이처럼 그는 그저 운에 의존해서 성공한 것이 아니라 철저한 자기관리를 바탕으로 주식과 부동산에 분산투자하여 부를 이루었다. 투자를 하고 있거나 투자를 준비 중인 사람은 『내 안의 부자를 깨워라』를 꼭 읽어 보라고 권하고 싶다.

아직도 많은 사람들이 '도사환상'에 빠져 있다. 도사나 고수가 찍어주는 종목을 사야 돈을 벌 수 있다고 믿고 오늘도 열심히 도사를 찾아다닌다. 도사라고 하는 사람들에게 돈을 주고 정보를 받아 돈을 벌려고 노력한다. 또한 사람들은 투자를 하면서 나 홀로 투자를 실행하지 못한다. 무리지어 있어야 안전하다고 생각하는 양떼와 같다. 그렇지만 그는 말한다.

"외로운 늑대가 되어야 한다. 늘 고독하고 외롭고 힘든 선택을 하는 사람만이 부자가 될 자격이 있다."

대한민국 주식투자 교과서

2006년 3월 상장회사인 현대약품의 1대 주주로 개인투자자가 등록되자 여의도 증권가는 물론 수많은 사람들이 이에 관심을 갖기 시작했다. 개인투자자 중에서 투자 규모가 백억 원을 넘는 사람을 슈퍼개미라 한다. 그들의 투자 행보나 관심종목이 시장에서 관심을 받는 일이 있었지만 개인투자자가 상장회사의 1대 주주가 되는 일은 지극히 드물었다.

1957년 경남 진해에서 출생하여 유년시절 외할머니와 가난하게 살았던 박성득 님이 그 주인공이었다. 그는 15세에 부산에서 일식집 주방보조로 일을 시작하여 5년 만에 정식 요리사가 되었다. 그 후, 치밀한 준비와 각고의 노력, 정성어린 서비스 정신으로 사업을 하여 1994년 전국 최대규모의 일식집 '대어'를 부산에 개업했다.

일식집을 경영하며 돈을 번 후, 직원의 권유로 1987년에 주식에 입문한 그는 1997년까지 내리 10년간 수억 원을 손실보며 고통의 시간을 보냈다. 그는 좌절하지 않고 절치부심 끊임없이 공부하고 관심을 기울인 결과 주식을 보는 눈을 갖게 되었다. 1998년 중외제약주식을 매입하고 5년간 보유하여 2003년 45억 원의 순이익을 남긴 것을 비롯하여 종근당, 대우증권 주식에 투자해서 엄청난 이익을 남겼고, 현재도 투자를 계속하고 있다.

그는 그동안 주방보조에서 부산에서 가장 큰 일식집을 경영하기까지의 사업경험과, 10여 년간의 주식투자 실패를 딛고 100억 원 이상의 자산가가 되기까지 주식투자 성공비법에 대한 『슈퍼개미 박성득의 주식투자교과서』를 출판했다.

시중에 수많은 재테크서적이 넘쳐나고 있지만 정작 좋은 책을 만나기란 쉽지 않다. 이 책은 비단 주식투자와 재테크뿐만 아니라 어려운 유년기를 보내고 사업에 성공하는 불굴의 도전정신과 인생역정의 과정을 생생히 담아놓았다. 어떻게 하면 사업에 성공할 수 있고 주식투자에서 성공할 수 있는지, 어떻게 하면 부자가 될 수 있는지에 대해서 자세히 설명해 준다.

이제 우리도 주식 투자와 펀드 투자를 남의 말만 듣고 허황된 뜬구름 잡듯이 하지 말고 내 사업을 한다는 마음으로 철저히 따져보고 충분히 알고 나서 투자하자. 투자의 결과뿐 아니라 투자의 처음부터 끝까지 전 과정을 즐겨보자. 혹시 또 누가아나, 즐기다 보면

Tip Box
Super Excellent
Invest ment

슈퍼개미 박성득의 주식투자 10계명

1. 주식을 고를 때는 현재보다 미래 성장가치에 더 주목하라.

2. 해당 회사를 방문해서 확인하고 또 확인하라.

3. 자신과 어울리는 주식을 찾아라.

4. 자신에게 정말 필요한 정보를 가려내라.

5. 항상 경제 공부를 하라.

6. 주식초보자들이나 실패자들은 기술적 분석으로 절대 접근하지 마라.

7. 너무 조급해하지 말고 길게 내다보고 투자를 하라.

8. 거래량이 거의 없는 저평가 가치주를 주목하라.

9. 주식투자는 긍정적인 마음으로 하라.

10. 보유한 주식은 내 자식처럼 생각하라.

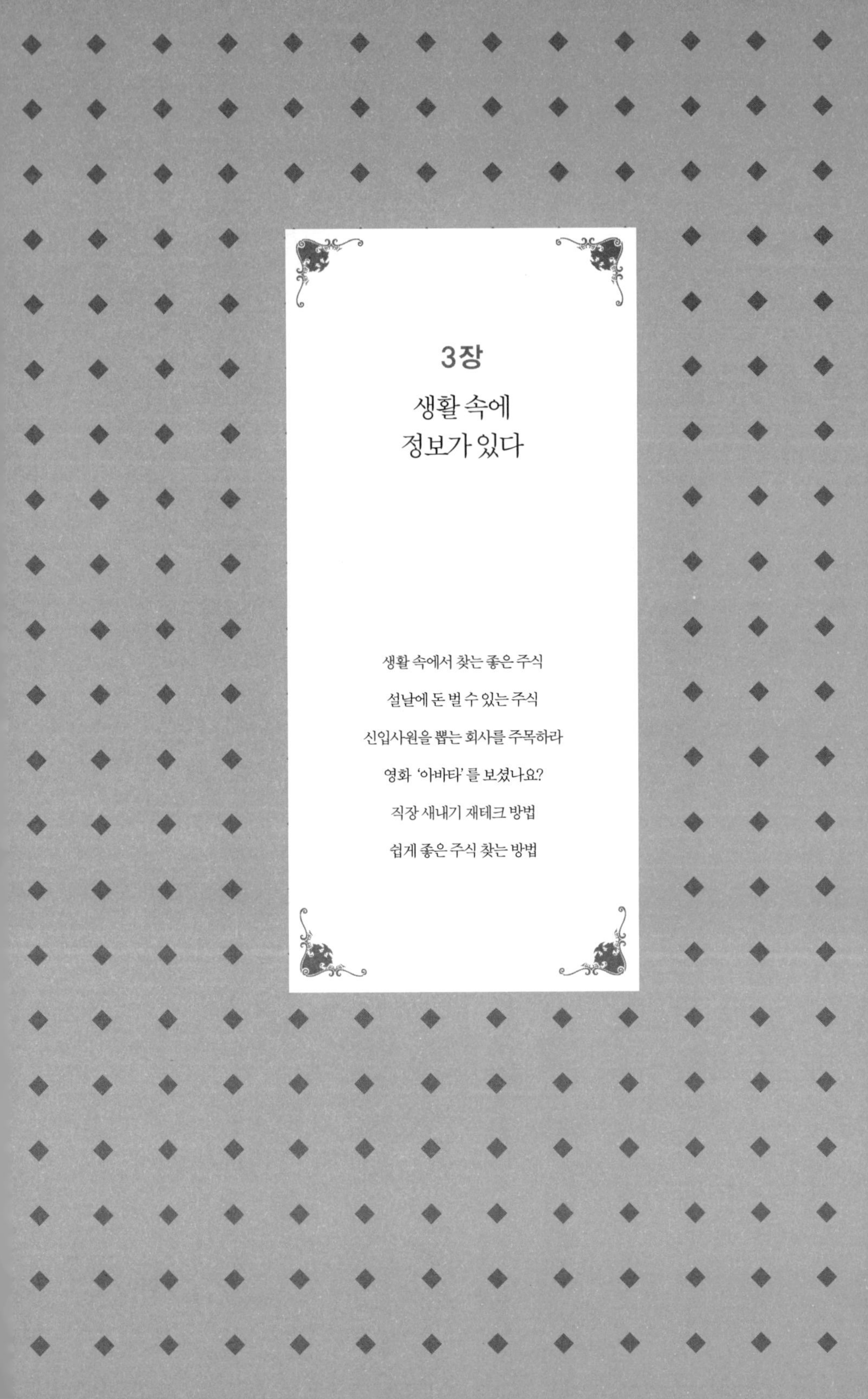

3장

생활 속에
정보가 있다

생활 속에서 찾는 좋은 주식

설날에 돈 벌 수 있는 주식

신입사원을 뽑는 회사를 주목하라

영화 '아바타'를 보셨나요?

직장 새내기 재테크 방법

쉽게 좋은 주식 찾는 방법

생활 속에서 찾는 좋은 주식

주식투자자들의 가장 큰 바람은 일생에 한번 '대박주식'을 잡아보는 것이다.

대박 주식을 찾기 위해 오늘도 투자자들은 열심히 주식시장을 뒤지고 소위 작전주나 급등주를 찾기 위해 귀를 쫑긋 세우고 있다. 그럼에도 언제나 대박 주식은 날 피해가고, 내가 산 주식은 영 시원치 않은 경우가 다반사다.

정보력에서 절대 열세인 개인투자가가 대박 주식을 잡기란 로또복권에 당첨될 확률 만큼이나 희박하지만 불가능한 일은 아니다. 전혀 다른 방법으로 대박주식을 찾아내 큰 수익을 낸 개인투자자들이 있다. 몇 년 전, 1년 6개월 만에 400%의 높은 수익을 올린 평범한 대학생이 있었다.

그가 군 복무를 마치고 와서 보니 많은 대학생들은 어학연수를 가고, 부모님이나 주위의 많은 사람들이 해외여행을 가고 있었다. 그래서 그는 국내 최대 여행사인 '하나투어'를 샀다. 복학을 준비하던 학교도서관의 사무용가구가 모두 '퍼시스'란 회사 제품으로 교체되고 있었다. 정부 기관과 학교 등 공공기관, 민간기업체, 가정에서 수요가 많다고 판단하여 '퍼시스' 주식을 샀다. 주위의 많은 친구들이 '리니지'라는 게임을 즐겨 하고 있어서, 그는 이 게임을 만든 회사인 '엔씨소프트'의 주식을 샀다.

이 대학생은 '하나투어', '퍼시스', '엔씨소프트' 단 세 종목을 1년 반 동안 보유하여 400%의 수익을 냈다. 전문가를 능가하는 경이적인 수익률을 너무도 쉽게, 생활 속의 작은 변화를 그냥 지나치지 않고 투자로 연결시킨 결과였다.

'삼천리자전거'와 '참 좋은 레저'라는 자전거 관련 주식을 꾸준히 매집하여 50억 원이 넘는 돈을 벌어 화제가 되었던 사람도 있다.

그는 한강고수부지에서 자전거를 타는 사람들이 꾸준히 늘어나는 것을 보았다. 미국이나 일본 등 선진국에서 공해문제가 심각한 사회문제로 대두되고 환경에 대한 관심이 높아지면서 레저와 건강 등의 이유로 자전거가 사람들에게 각광받을 것이란 사실에 주목했다. 그는 결국 남들이 사양 산업이라고 거들떠보지 않는 자전거주식을 꾸준히 매수하여 큰돈을 벌었다.

필름을 사용하던 카메라는 이미 골동품이 되었고 이제는 모든 가정에서 디지털카메라를 사용하고 있다. 그러나 정작 디지털카메라를 만드는 회사에는 관심이 없다. 디지털카메라가 시장에서 히트를 치면서 '삼성테크윈'의 주가가 2년 만에 5천 원에서 7만 원으로 1,400% 상승한 사실을 아는 소비자가 몇 명이나 될까?

파랑새를 찾아 온 세상을 뒤졌지만 집에 돌아와 보니 정작 파랑새는 그곳에 있었듯이, 마치 신기루와 같은 보이지 않는 대박 주, 작전 주, 급등 주를 찾기 위해서 노력하기보다는 내 생활 주변에서 대박 주를 알아볼 수 있는 안목을 키우는 것이 중요하다.

'내 앞에 산삼이 있은들 무슨 소용인가? 내가 산삼을 알아보는 눈이 없다면…'

설날에
돈 벌 수 있는 주식

우리 나라의 대표적인 명절인 설날과 추석에 많은 사람들이 이동을 한다. 이 기간에 특별히 움직이는 주식이 있다. 어떤 주식의 주가가 움직이는지 한번 생각해 보고 투자에 대한 나의 소질을 체크해 보는 것도 의미가 있을 듯하다.

명절을 앞두고 움직이는 주식에는 우선 유통 관련주가 있다.

백화점이나 대형 할인마트 등 명절 대목 수혜를 입는 업종의 주가가 대체적으로 강세이다. 여기까지는 누구나 예상할 수 있다. 다음으로는 택배 관련 회사와 홈쇼핑 관련 회사 그리고 전통주를 만드는 '국순당'의 주가도 평소보다 흐름이 좋다. 이외에도 조금만 더 생각해보면 남들이 알지 못하는 주식들을 더 찾아낼 수 있다.

하지만 이 정도를 안다고해서 명절시즌에 쉽게 수익을 낸다고 장

담할 수는 없다. 어느 해에는 위에서 말한 회사의 주식들이 예상한 만큼 큰 폭으로 상승하여 수익을 안겨주기도 하지만 또 어떤 해는 오히려 평소보다도 주가가 부진하여 수익은커녕 손실을 보는 경우도 있다.

작년 고춧값이 좋았으면 금년에 고추를 많이 심고, 작년에 배춧값이 좋았으면 너도나도 배추를 심어 오히려 배춧값이 폭락해서 농부들이 피해를 보는 현상과 같다. 어느 해에 명절과 관련된 주식들이 크게 수익이 나면 그 다음 해에 많은 사람들이 주식을 사지만 수익은 부진하다. 수익이 부진하여 사람들이 관심을 갖지 않으면 그때는 또 다시 큰 수익을 낼 수 있는 기회가 된다. 많은 사람들과 반대로 투자하는 역발상이 필요하다.

특정 기간에 따른 테마는 '서머랠리', '산타랠리', '1월 효과', '윈도드레싱 효과', '배당투자' 등 아주 많다.

서머랠리는 여름인 7~8월에 주가가 강세를 보이는 것을 의미한다. 산타랠리는 연말인 12월이 평소보다 강세일 가능성이 높다는 것이고, 1월 효과는 매년 새해가 시작되는 1월의 주가가 다른 때보다 높다는 뜻이다. 윈도드레싱 효과는 기관투자가가 수익률을 관리하기 위하여 반기 말이나 연말에 기관이 많이 보유한 종목의 수익률을 관리하고 좋지 않은 종목을 팔아 좋은 종목으로 교체하는 것을 말한다. 배당투자는 전통적으로 배당을 많이 하는 회사들이 배당을 앞두고 주가가 강세를 보이는 경향이 높기 때문에 9월에서 11월 사이에 미리 고배당주식을 사서 배당을 받거나 배당을 앞두고 기대감에 주가가 상승하는 12월에 파는 것을 말한다.

계절 주와 관련하여 봄 황사시즌에는 공기청정기나 마스크를 만드는 회사의 주가가 강세다. 여름에 수혜가 예상되는 빙과류, 음료회사, 맥주회사, 닭고기회사 등은 수요가 적어 주가가 낮은 겨울에 사서 이들 회사 제품의 수요 증가로 매출이 늘고 주가가 상승하는 성수기에 매도하면 된다. 반대로 보일러나 난방회사 등 겨울이 성수기인 회사의 주식은 한여름에 매출이 거의 없어 주가 역시 바닥인 경우가 많다. 이때는 이러한 회사에 관심을 갖거나 투자를 하는 사람들 역시 거의 없다. 이럴 때 투자를 해서 한 겨울에 날씨가 추워지고 이 회사들이 호황을 누릴 때 주식을 파는 것이다. 겨울에는 조류독감이나 사스 등 질병과 관련한 예방약품과 방역장비 업체 등이 강세를 보일 때가 많다.

이처럼 계절에 따른 일정한 패턴을 이용한 일정(日程)매매로 남들보다 뛰어난 성과를 낼 수 있다. 남들이 가지 않는 뒤안길에 꽃길이 있다. 남들과 항상 같은 시기에, 같은 길을 가는 것은 얼핏 안전해 보이지만 실속이 없는 경우가 많다. '겨울에 밀짚모자를 사고, 여름에 모피코트를 사는' 지혜가 필요하다.

신입사원을 뽑는 회사를 주목하라

개인투자자가 좋은 주식을 찾기란 좀처럼 쉬운 일이 아니다. 하지만 불가능한 일도 아니다. 평범한 개인투자자가 좋은 주식을 남보다 빨리 그리고 쉽게 찾을 수도 있다.

정보력, 자금력, 분석력 등 모든 면에서 외국인과 기관투자자에 비해 열세인 개인투자자가 주식시장에서 실제가치보다 저평가된 주식을 발 빠르게 선취매하기 위한 방법 중 하나는 신문에 실린 사원모집 광고를 주의 깊게 살펴보는 것이다.

신입사원을 뽑는 회사는 현재의 직원으로는 일손이 부족해서 추가로 사람을 구하고자 한다. 사람이 추가로 필요하다는 것은 지금 하는 일이 매우 호황이라는 뜻이다. 이런 회사는 앞으로 실적이 급격히 좋아진다. 이는 뒤늦게 상투를 잡는 것이 아니라 높은 실적이

예상되는 회사를 미리 알고 낮은 가격에 살 수 있는 아주 좋은 기회
이다.

이때 몇 가지 주의할 점이 있다.

우선 우리 나라의 대기업은 매년 하반기에 그룹공채를 통해서 정
기적으로 신입사원을 뽑기 때문에 이 방법을 적용할 수 없다. 또한
신입사원 모집인원이 10명 이하인 경우도 큰 의미가 없다. 신입사
원을 뽑을 때 적어도 00명이나 000명을 모집하는 광고를 내는 회사
들이 투자자에게는 좋은 투자대상이다. 대개 기업의 경우 신입사원
모집이 일회성으로 끝나지만 어떤 기업은 매년 꾸준히 뽑거나 급성
장하는 회사의 경우 1년에도 몇 차례 비싼 광고료를 지불하면서 신
문에 구인광고를 내는 경우가 있다. 이런 회사는 대박주식이 될 가
능성이 높은 회사이다.

9년 전쯤 신문에 STX그룹 신입사원 모집공고가 나왔는데 모집인
원이 500명이었다. 그리고 몇 달 후 다시 500명의 신입사원 모집광
고가 나왔다. 6개월 후 또 다시 같은 광고가 신문에 났다. 그 당시만
해도 STX그룹은 신생그룹으로 많이 알려지지 않았는데 불과 1년 6
개월 만에 1,500명의 신입사원을 뽑았다. 당시 국내 5대 그룹이 채
용하는 신입사원의 수와 맞먹었다.

나는 STX그룹의 최고경영자와 그 회사에 대해 꼼꼼히 살펴보았
다. 강덕수 회장의 경영능력이나 인품은 매우 훌륭했다. 회사의 사

업 분야와 사업 전망에 대한 조사도 이어졌다. 왜 그렇게 많은 사람이 필요한지 주식담당자와 통화도 몇 번 했다. 예상대로 회사가 급성장해서 많은 사람이 필요한 상황이었다. 당시 STX 주식은 1만 원에서 1만5천 원대였다. 2년 후 이 회사의 주식은 무려 15만 원을 넘었다. 무려 10배가 오른 것이다.

어느 회사가 신입 직원을 뽑는다면 잘 살펴보자. 직원을 뽑아서 교육시키고 나중에 그 회사의 실적이 좋아지고 규모가 커지면 주가도 당연히 올라간다. 또한 신입사원을 뽑는 회사와 같은 업종에 있는 회사도 잘 살펴보아야 한다. 그 회사가 잘 나가면 동종 업계 역시 돈을 많이 버는 경우가 대부분이다.

최근에는 금융시장이 많이 투명해지고 기업의 경영투명성도 개선되었지만 아직도 분식회계나 장부조작, 주가조작 등이 완전히 없어졌다고 말하기 어렵다. 하지만 회사의 부진한 실적을 감추기 위해서 신입직원을 위장으로 뽑았다는 뉴스는 아직 들어 보지 못했다.

꽃집에서 활짝 핀 꽃이 아름다워 비싼 값을 주고 사 오지만 정작 집에서는 며칠 피지 못하고 시들고 만다. 이제는 활짝 핀 꽃이 아니라 꽃봉오리가 망울망울 진 꽃나무를 사자. 은퇴를 앞둔 챔피언을 비싼 값으로 사는 실수를 범하지 말고, 앞날이 유망한 기대주를 앞서 볼 수 있는 능력을 키운다면 성공투자는 그리 어렵지 않다.

영화
'아바타'를 보셨나요?

1,300만 명의 관객을 동원한 영화 '아바타'를 보셨나요. '아바타'는, '타이타닉'으로 세계를 깜짝 놀라게 했던 제임스 카메론 감독이 10년 넘게 공들여 내놓은 야심작으로 우리 나라뿐 아니라 전 세계에서 공전의 히트를 쳤다. '아바타'는 기존의 영화와 다르게 3D로 제작했기 때문에 입체안경을 쓰고 봐야 그 진가를 맛볼 수 있다.

이전에 보지 못했던 아름다운 영상과 거대한 스케일 등 제임스 카메론 감독은 관객의 기대를 져버리지 않았다. 아니 오히려 관객이 기대했던 이상의 영화를 선보여 환호하게 만들었다. 수많은 사람들이 '아바타'를 보면서 그동안 일부 온라인 게임에서만 적용되던 3D 기술이 우리 실생활에 성큼 다가왔음을 피부로 느꼈다.

이제 앞으로 수많은 3D 영화가 쏟아져 나올 것이다. TV시장도 급변하여 LCD TV와 LED TV가 대세지만 주력제품이 한층 더 진화된 3D TV와 스마트 TV로 빠르게 바뀌고 있다. 이제는 안방에서 월드컵, 올림픽경기 등 수많은 프로그램들을 마치 현장에서 보듯이 입체감을 가지고 볼 수 있는 세상이 된 것이다.

우리 나라 전체 인구의 27% 정도가 영화 '아바타'를 봤다. 하지만 거의 모든 관람객이 '재미있다. 3D 영화라 참 신기하다.'라는 반응을 보일 뿐이었다. 3D산업이 우리 실생활에 어떻게 활용될 것인지 그 가능성을 상상하며 관련 회사에 대하여 궁금증을 느끼고 조사해 본 사람은 몇 명이나 될까.

'아바타' 영화를 보고 3D산업에 주목해서 주식을 투자했다면 2~3달 만에 3배 이상의 수익을 낼 수 있었다. 소위 말하는 대박이 터진 것이다. 1년에 금리가 4~5%인 저금리 시대에 단 몇 달 만에 300% 이상 수익을 낼 수 있는 기회가 분명 있었는데도 정작 이 기회를 잡아 큰 수익을 낸 사람은 극소수에 불과했다. 많은 사람들이 시간이 지나고 나서 증권방송과 TV, 신문, 인터넷 등에서 3D 관련 테마주가 급등한다는 뉴스를 듣고 뒤늦게 추격매수 했다가 큰 손실을 봤다.

대박을 내는 사람은 사회의 변화나 일상에서 일어나는 일들을 자기 스스로 느끼고 판단하여 남들이 그 가치를 알지 못할 때 먼저 소신 있게 투자한 사람이다. 쪽박을 차는 사람은 스스로 생각하거나 판단하는 것이 아니라 남들이 하는 이야기를 듣고 투자를 하는 사람이다. 두 사람의 차이가 별 것 아닌 것처럼 보이지만 실제 투자에서는 엄청난 차이가 난다.

우리는 세계 최초로 세계 일주를 한 사람이 '마젤란'이라는 것을 안다. 아메리카 대륙을 최초로 발견한 사람이 '콜럼버스'라는 사실 역시 잘 알고 있다. 하지만 두 번째로 세계 일주를 한 사람과 아메리카 대륙을 발견한 사람이 누구인지는 모른다. 중요하지 않기 때문에 알고 싶어 하지도 않는다.

부자가 되고 싶다면, 역사에 이름을 남기고 싶다면 '처음'이라는 단어와 조금 더 친해져야 한다.

직장 새내기 재테크 방법

50대 아주머니에게 전화를 받았다.

아들이 직장생활을 하는데 돈 관리를 못하는 것 같아서 매달 100만 원을 송금하라고 했는데 막상 어떻게 관리를 해줘야 할지 모르겠다며 투자를 상담해 왔다. 나는 아주머니께 다시 전화 드리기로 하고 일단 통화를 마쳤다.

16년 전 초급장교로 근무하던 때가 생각났다. 나는 매달 50만 원씩 5년 동안 결혼하기 전까지 부모님께 송금을 했었다. 얼마 되지 않는 월급에서 매월 돈을 송금하려니 생활이 팍팍했다. 하지만 결혼을 할 때는 내 또래의 다른 사람들보다 제법 많은 목돈을 마련할 수 있었다.

나는 아주머니께 전화를 해서 세 가지 재테크 방법을 권유했다.

첫째, ETF에 매월 30만 원씩 투자하세요.

가장 우량한 회사 200개에 동시에 투자하는 효과를 볼 수 있습니다. 지금부터 5년이고 10년이고 꾸준히 사 모으시면 나중에 큰 수익을 기대하실 수 있습니다.

둘째, 펀드에 매월 50만 원을 투자하세요.

2~3개 펀드에 적립식으로 분산투자하세요. 우선 국내 대형우량주 펀드에 매월 30만 원, 국내 중·소형펀드(배당주 펀드)에 매월 10만 원, 해외펀드에 매월 10만 원 투자하시면 좋을 것 같습니다.

셋째, 보험에 가입하세요.

종신보험에 매월 10만 원, 변액보험에 매월 10만 원씩 드세요.

이렇게 ETF와 펀드에 투자하고 보험에 가입하면 성장성과 보장성까지 확보할 수 있다고 조언을 했다. 다만 아들의 나이가 젊어 안정성보다는 수익성과 성장성에 초점을 맞추었다. 물론 나이가 들면 저축성 상품도 가입해야 하지만 아직은 직장 초년생이므로 안정성보다는 성장성에 비중을 두었다.

아주머니는 몇 년 전 펀드에 가입해서 큰 수익을 봤지만 작년에 들었던 펀드는 큰 손해를 봤다며 투자의 위험성을 우려했다.

펀드는 실적 배당형 상품이기 때문에 큰 수익이 나기도 하고, 손실을 볼 수도 있다. 하지만 매월 일정금액을 적립식으로 투자하면 위험을 많이 줄일 수 있고, 투자기간을 길게 잡으면 기대수익을 높일 수 있다.

주위에 보면 장기투자를 한다고 한 펀드에 5년 이상 투자하는 경우가 있는데 이것은 좋은 방법이 아니다. 도중에 돈이 필요하거나 수익이 많이 났을 때 환매에 제한이 따른다. 펀드 투자는 1년에서 2년 정도 하고 그 이후에는 새 펀드에 가입해서 다시 투자를 하는 것이 좋다. 물론 이때 기존에 투자한 펀드는 계속 보유한다. 통상 5년에서 10년 주기로 주식시장이 크게 상승하는 대세상승 장이 오는데 이때 기존에 가입했던 펀드의 환매시점을 잡으면 된다.

"펀드투자는 2년 정도 불입하고 이후에는 3~5년 또는 그 이상 기다리며 최대의 수익이 나는 시점에 환매하는 전략이 가장 좋다."

또 하나 젊은이들이 꼭 기억해야 할 중요한 것이 있다.

요즘 재테크나 투자에 관심이 높다보니 이제 막 사회에 진출하는 젊은이들이 투자를 한다고 컴퓨터나 스마트폰으로 열심히 정보를 찾고 주식을 매매한다. 이것은 크게 잘못된 방법이다. 이렇게 투자를 하는 사람은 십중팔구 조급병에 걸려 투자를 실패한다. 더 중요한 것은 직장에 충실하지 못해서 실적이 부진하게 되어 직장 상사나 동료로부터 인정을 받지 못한다.

젊어서는 여유 시간을 활용해서 공부만 하고 실제투자는 간접투자를 해야 한다. 직장생활을 하면서 직접투자를 하다 보면 투자금액이 크든 작든 온종일 관심이 주식시장에 가 있게 된다. 이것은 투자와 직장생활 모두 실패하는 매우 위험한 일이다.

젊은이에게 가장 중요한 투자는 열심히 일을 하면서 자신의 능력과 역량을 키워 상사와 주위 동료들에게 신뢰와 인정을 받는 것이다. 직접투자는 10년 넘게 꾸준히 공부하고 난 후, 나중에 나이가 들어 천천히 조금씩 해도 전혀 늦지 않다. 마우스를 들 힘만 있으면 가능한 것이 주식투자다. 주식시장이 점점 더 빠르게 변하기 때문에 직장생활을 하면서 직접투자로 수익 내기가 더욱 어려워지고 있다.

젊어서는 열심히 몰입해서 직장생활을 하고, 투자는 느긋한 마음으로 편안하게 간접투자를 하는 것이 좋다.

쉽게 좋은 주식 찾는 방법

주식투자를 하면서 좋은 주식을 찾아내기는 참 어렵다. 어떻게 해야 개미투자자가 좋은 주식을 사서 큰 수익을 낼 수 있을까.

주변 사람들이나 방송에서 좋다고 해서 샀는데 상투일 때가 많다. 실적이 좋은 회사라고 샀는데 이미 주가는 오를 대로 오른 경우가 다반사이다. 또 바닥이다 싶어 샀을 때는 웬걸 지하 1층, 지하 2층으로 끝없이 추락한다. 남들이 하는 방법을 좇으면 성공보다는 실패할 가능성이 매우 높다. 이 사실은 이미 이전에 수많은 선배 개미투자자들이 소중한 자산을 날리면서 우리에게 수없이 증명해주었다.

추석에 고향인 시골에 갔다. 그런데 친한 고향 친구가 집에 오질 못했다. 회사 일이 너무 바빠 연휴에도 직원들이 정상근무를 한다는 것이었다.

명절연휴가 끝나고 나는 친구가 근무하는 회사의 주가를 살펴보았다. 그 회사의 주가는 5천 원에서 6천 원 정도였고 주식시장에서 별로 주목을 받지 못하고 있었다. 그 친구와 통화를 해보니 건설경기 호황으로 철근이 동이 나 모든 건설회사에서 철근을 구하기 위해 혈안이 되어 있다고 했다. 건설회사의 차량들이 제철회사 앞에 줄지어 서서 기다리고 있다가 철근이 생산되면 식지도 않은 상태로 웃돈을 주고 가져간다는 것이었다.

수요가 많아 제품 공급이 부족하다면 사업하는 사람에게 이보다 신바람 나는 일이 또 있을까. 확신을 갖고 산 그 회사의 주식은 1년 후 2만 원이 넘었다. 그리고 2년 뒤에는 5만 원이 훌쩍 넘었다.

매스컴이나 공시에 실적이 좋다고 발표되는 회사는 이미 1년 전부터 일손이 부족할 정도로 바쁘게 돌아간다. 그 결과는 1년 후쯤에 가서야 경영실적으로 나타나고 개미투자자는 그제야 알 수 있다. 신문이나 방송 또는 주변에서 듣는 최신의 정보는, 사실은 아주 늦은 정보일 수밖에 없다.

투자하고자 하는 회사에 근무하는 사람에게 최근의 회사 동향을 들을 수 있다면 6개월 혹은 1년 후의 경영실적이 어떻게 될 것인지 예측이 가능하고, 주가 또한 예측이 가능함으로 앞선 투자를 할 수 있다.

공주에는 웅진코웨이, 남양유업, 근화제약, 솔브레인, 한진피앤씨, 진바이오텍 등 좋은 상장회사가 많이 있다. 이 회사에 다니는 지인들을 만날 때마다 지나가는 말로 몇 마디만 물어보면 아주 좋은 정보를 얻을 수 있다.

물론 이때도 질문을 하는 요령이 필요하다. '요즘 회사 실적이 어때!', '좋은 호재나 뉴스거리 좀 없나?'라며 대놓고 질문을 해서는 아무것도 얻을 수 없다.

"요즘 야근을 자주하는 것 같은데 왜 그렇게 바빠!"

"최근에 너희 회사에서 출시한 신제품 시장반응이 어때?"

"올해 신제품 출시계획이 있어?"

이처럼 부담을 주지 않는 우회적인 질문을 해야 상대방도 편안하게 그 회사의 실정에 대해 이것저것 이야기를 해준다. 내가 사는 지역의 업체뿐만 아니라 나의 생활 주변 사람들, 삼성전자에 근무하는 삼촌, 현대중공업에 근무하는 선배, SKT에 근무하는 여동생에게 안부 전화를 걸어보자. 평범한 대화에서 좋은 정보를 찾아내는 능력이 있다면 이미 투자는 절반을 성공한 것이다.

용기를 가지세요.
신은 우리가 극복할 수 있는 시련만 주신답니다.
썰물이 있으면 반드시 밀물이 있습니다.
꼭 그때를 기다려 힘차게 바다로 나아가세요!
그 어떤 시련이 닥쳐와도 꿋꿋이 견뎌내고 싸워나가면
반드시 이겨낼 수 있습니다.

3부

나는 날마다 Super Excellent를 추구한다

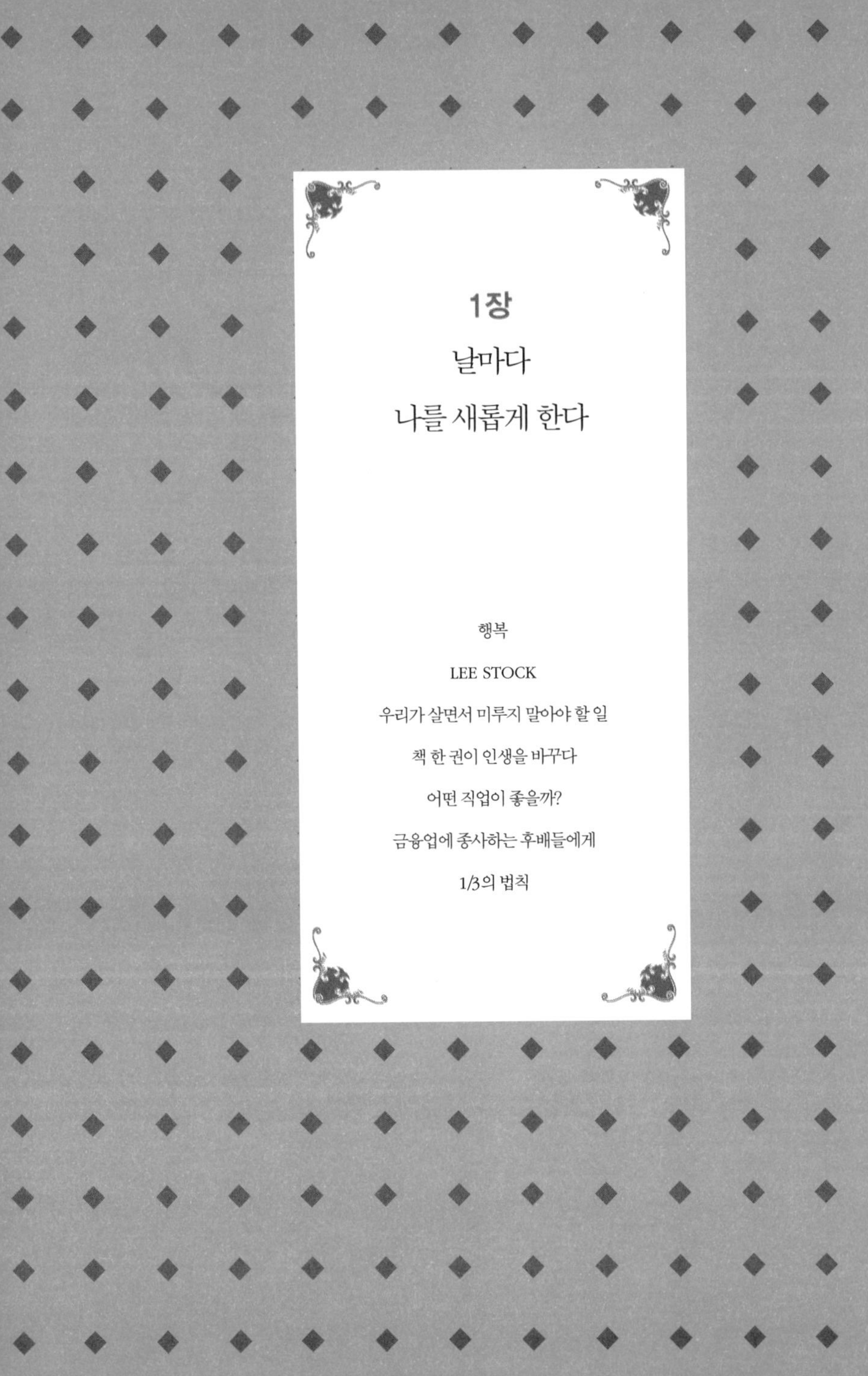

1장

날마다
나를 새롭게 한다

행복

LEE STOCK

우리가 살면서 미루지 말아야 할 일

책 한 권이 인생을 바꾸다

어떤 직업이 좋을까?

금융업에 종사하는 후배들에게

1/3의 법칙

출근길에 라디오에서 어떤 분의 사연을 듣고 마음이 찡한 적이있다. 수도권에서 중소기업을 운영하시는 시장님이 인천항으로 가면서 올린 사연이었다.

지난 몇 년간 가족처럼 지내던 외국인노동자 2명이 불법체류자로 인천 출입국관리소에 구금되어 있다가 오늘 오전에 강제출국을 당하게 되어 그들을 보러 간다고 했다. 낯선 이국에 와서 힘든 일을 하다가 급기야는 불법체류자로 체포되어 강제출국을 당하게 된 두 노동자의 모습이 떠올랐다.

얼마나 절망이 클까, 얼마나 마음이 아플까. 그들의 고국에서 아무것도 모르고 자식을, 남편을, 아버지를 그리워하고 있을 가족을 생각하니 목이 메고 가슴이 먹먹해졌다.

조금 힘들면 힘들다고 조금 불편하면 불편하다고 늘 불평과 불만으로 살아온 나 자신이 한없이 부끄러워졌다. 저렇게 힘들게, 치열하게 사는 사람들이 있는데 나는 늘 내가 처한 환경, 내가 가지고 있는 것에 고마워하고 감사하기보다는 가지지 못한 것, 나보다 나은 사람들을 보고 투덜대기만 한 것이 죄스럽게 느껴졌다.

온 국민을 울리고 세상을 떠난 이태석 신부님이 생각났다.

홀어머니 슬하의 어려운 가정 형편에서 의대를 졸업했지만 장래가 보장된 의사라는 직업을 마다하고 다시 신학교에 입학한 신부님. 세상에서 가장 가난한 아프리카의 수단 '톤즈' 마을에서 8년 동안 아픈 사람들을 밤낮 없이 치료하고, 아이들을 위해 학교를 짓고, 35인조 브라스 밴드를 만들어 꿈과 희망, 사랑을 심어주다가 2010년 1월 대장암으로 세상을 떠난 신부님. 신부님의 봉사활동이 '울지마 톤즈'라는 영화로 제작되어 온 국민이 눈물을 흘리게 했고 신부님의 숭고한 삶과 따뜻한 사랑에 많은 사람들이 깊은 감동을 받았다.

신부님께서 쓰신 『친구가 되어주실래요?』에 소개한 '다리가 부러진 아이를 업고 5일 동안 아무것도 먹지 못한 채 맹수라도 만나면 죽을 수 있는 상황에서 100km를 걸어온' 지고지순한 아버지의 사연을 읽으면서 눈물을 흘렸다.

우리는 아이가 아프면 5분, 10분이면 병원에 갈 수 있다. 이렇게 좋은 환경에서 사는 우리가 만족할 줄 모르고 불평불만 하는 것은 죄를 짓는 일이라는 생각이 든다.

"사람들은 모두 훨훨 하늘을 날고 싶어 합니다. 하지만 양쪽 날개 속에 돈, 성공, 사회적 지위, 욕심 등 너무 많은 것을 가지고 내려놓지 않습니다. 그것들을 내려놓아야 하늘을 날 수 있는데 어느 하나도 내려놓지 않고 하늘을 날려고 합니다."

신부님의 말씀처럼 언젠가부터 우리 사회는 남들보다 빨리 성공하고 돈 많은 부자가 되기를 꿈꾼다. 돈과 이익에 따라 세상의 옳고 그른 것이 결정된다. 형제나 친구, 직장동료, 이웃, 심지어 부모까지 나에게 이익이 되지 않으면 필요 없다고 한다. 참으로 무서운 세상이 되어 버렸다.

우리 할아버지, 할머니, 우리 부모님이 피와 땀으로 나라를 지키고 발전시켜 놓은 덕분에 우리는 오랫동안 평화를 누리고 대한민국 역사상 가장 부유한 시대에 살고 있다. 그러나 '우리는 지금 행복한가.'라고 물으면 쉽게 '그렇다'라고 대답을 할 수가 없다. 분명 우리는 우리의 조상들보다 훨씬 부유하고 풍요롭게 살고 있는데 왜 행복하지 못할까. 언제부터, 어디에서부터, 무엇이 잘못된 것일까.

이제 우리 모두 숨 가쁘게 살아온 삶을 잠시 멈추고 뒤를 돌아봐야 할 때가 아닐까. 우리가 정신적으로 궁핍한 삶을 살고 있는 것은 아닌지, 소중한 것을 잃고 살아가는 것은 아닌지, 세상을 떠날 때

후회하지 않기 위해서는 가끔이라도 나 자신과 우리 주위를 돌아보아야 한다.

사람의 욕심은 끝이 없다. 왜 부자가 되어야 하고 어떤 부자가 되고 싶은지는 관심이 없다. 1억을 벌면 10억을 벌고 싶고, 10억이 있는 사람은 100억을 벌고 싶다 한다. 좋은 국산차를 타면 외제차를 타고 싶고, 3억짜리 아파트에 살면 10억짜리 아파트로 이사를 가고 싶어 한다. 그러나 물질이 행복을 만들어 주지는 못한다. 돈으로 비싼 집을 살 수 있을지는 모르나 따뜻하고 행복한 가정을 살 수는 없다.

"내가 가진 것을 사랑하는 사람은 행복하고, 내가 가지지 못한 것을 사랑하는 사람은 불행하다."

이제는 내가 가진 것에 감사하면서 만족할 줄 아는 소박한 삶 속에서 소소한 행복을 찾아야 할 때가 아닐까?

법정스님은 부자는 아니셨지만 평생 '무소유'의 삶을 실천하시며 아름다운 향기를 우리에게 남겨주고 가셨다.

LEE STOCK

종강이 다가오면 학생들은 강의가 끝난 후에도 투자에 대한 정보를 공유할 수 있는 인터넷에 카페를 만들어 인연을 유지하길 희망했다. 시간이 지날수록 원하는 사람이 많아져서 2009년 4월 12일 네이버에 '투자와 나눔, 함께하는 행복 LEE STOCK' 카페를 만들었다.

"우리의 투자가 성공하고, 우리의 삶을 아름답고 풍요롭게 하기 위해서 함께 노력하는 소중한 공간입니다. 투자 이야기나 정보, 분석 등도 중요하지만 사람 살아가는 냄새를 느낄 수 있는 공간이 되면 더욱 좋겠습니다. 모두 행복하시고 멋진 하루 되세요!"

리스톡 카페에 처음으로 올린 글이다. 지금까지 이 취지에 맞는 카페가 되도록 노력했고 다행히 바라는 바대로 잘 되고 있다. 어느

덧 카페를 개설한 지 3년이 되었다. 회원 수도 1,300명까지 늘었다. 배움이라는 인연으로 시작한 활동은 매우 다양해지고 있다.

- 월 1회 등산이나 정기모임을 한다. 정기모임 때는 의사, 변호사 등 특정분야의 전문가가 특강을 하고 금융시장 동향과 투자전략을 서로 공유한다.
- 연초에는 장애인복지시설을 방문해서 봉사활동을 한다.
- 연 1회, 1박 2일 캠프를 한다. 봄이나 가을 자연휴양림이나 콘도, 펜션을 빌려 행사를 한다.
- 연 1회 이상 불우이웃돕기 성금을 모금하여 전달하고 수시로 주위에 어려우신 분들을 위해 자원봉사활동을 한다. 질병이나 경제적 어려움으로 고통받는 분들과 일손이 필요한 분들을 도와드린다.
- 회원들이 서로 도움을 주고받을 수 있는 '도움이 필요합니다' '도움을 드립니다' 코너를 통해서 품앗이 장터를 운영한다.
- 매년 가을 '백제마라톤' 대회에 참가하여 건강을 다지고 친목을 도모한다.

　　주식투자와 관련한 인터넷 사이트나 카페는 다양하게 있다. 우리는 인간미가 흐르는 따뜻하고 아름다운 카페를 만들고자 했다. 카페를 통해서 회원들이 넉넉하고 여유로운 부자가 되고 다른 사람을 위해 나눔을 실천할 줄 아는 아름다운 삶을 가꾸는 것이 우리 카페의 목표다. 매일 1회 이상 시황과 주요 정보 제공을 하고 추천종목과 주식상담 등 주식 카페로서의 활동은 당연히 기본이다.

그동안 회원들은 리스톡을 통해서 더불어 함께하는 일이 얼마나 아름다운지 보았다.

대학을 졸업하는 학생들에게 금융기관 등에 취업을 할 수 있도록 했고, 공동 작업으로 영어논문을 번역했으며, 논문을 작성하기 위한 설문조사도 모두 내 일처럼 도왔다. 수목원이나 콘도 등 예약하기 힘든 곳도 서로 힘을 모아 차질 없이 예약할 수 있었다. 회원이 근무하는 회사에서 특판이 있을 때는 좋은 제품을 싸게 구매함으로써 짧은 기간 동안 많은 제품을 판매할 수 있도록 도왔다.

여행을 하거나 자동차를 살 때, 아이들을 학원에 보낼 때도 우리 회원들이 운영하거나 근무하는 회사와 거래를 한다. 병원에 갈 때도 우리 회원이 근무하거나 경영하는 병원에 간다. 교통사고가 나면 카페 회원인 경찰관이나 보험회사 직원이 도움을 드린다. 카페 회원들끼리 거래를 하니 서로 믿을 수 있고 최대한 성심성의껏 도와드리려고 노력했다.

카페 회원들에게 자신의 일을 카페에 많이 알리고 홍보하라고 한다.

우리는 상대방이 무슨 일은 하는지 몰라 도움을 주지 못하거나 도움을 받지 못하는 경우가 많다. 옛말에 '병은 널리 알리라'고 했다. 내가 하는 일이 무엇인지, 내가 필요한 것이 무엇인지를 널리 알리면 의외로 쉽게, 가까운 곳에서 도움을 받을 수도 있다. 다만 이 때, 조심해야 할 점이 있다. 나의 욕심으로 상대방을 배려하지 않는다면 좋은 관계는 지속될 수 없다. 항상 나와 상대방 모두가 잘 되어 서로 상생(相生)하는 것이 중요하다. 많은 사람이 순수하고 따뜻한 마음으로 함께 한다면 리스톡을 통해 회원들 상호 간에 도움을 주고받는 아름다운 일들이 더 많이 일어날 것이다.

모든 사람이 거인이 되기란 쉽지 않지만 거인의 어깨에 올라타면 모두가 거인이 될 수 있다. 세상을 살면서 다양한 분야의 많은 사람들과 인맥을 만들기는 힘들다. 하지만 서로 서로 가지고 있는 인맥을 공유한다면 우리는 아주 쉽게 거인의 어깨에 올라타 세상을 살 수 있다.

우리 회원들이 힘들 때면 언제나 와서 편히 쉬는 큰 느티나무가 되고, 큰 거인이 되기 위해 오늘도 리스톡은 무럭무럭 크고 있다.

〈편집자 주-2016년 리스톡 카페는 그간의 활동을 마치고 폐쇄 되었습니다.〉

우리가 살면서
미루지 말아야 할 일

나눔과 봉사, 순수한 사랑에 대하여 생각하면 떠오르는 분이 마더 테레사 수녀님이다.

어느 날, 마더 테레사 수녀님이 묵고 있는 집 대문을 늦은 밤에 누군가 다급하게 두드렸다. 나가보니 중년의 남자가 서 있었다.

"수녀님! 아래 동네에 엊그제 출산한 산모가 있는데 이틀째 아무것도 먹지 못하고 있습니다. 산모와 신생아는 물론 어린아이 두 명까지 모두 죽을 것 같습니다."

서둘러 음식을 보자기에 싸서 그 남자가 말한 집에 가보니 정말 아무것도 먹지 못한 산모와 신생아 그리고 어린아이들이 있었다. 수녀님은 가지고 온 음식을 내놓고 산모에게 먹으라고 권했다. 겨우 자리에서 일어난 산모는 음식 보자기를 다시 싸더니 잠시 나갔다 오겠다며 움막집을 나섰다. 한참 후, 돌아온 산모의 손에는 음식이 없었다.

"아이들과 먹으라고 가져온 음식은 어떻게 하고 빈손으로 오십니까."

수녀님이 궁금해서 묻자 산모가 말했다.

"수녀님, 우리 가족은 이틀 동안 아무것도 먹지 못했습니다. 그러나 윗집은 4일째 아무것도 먹지 못했습니다. 우리는 하루 이틀 더 버틸 수 있지만 이들은 오늘 음식을 먹지 못하면 죽을지도 모릅니다. 그래서 그들에게 음식을 주었습니다."

이보다 더한 사랑을 나는 아직 보지 못했다. 나 스스로에게 묻는다.

'과연 나라면 어떻게 했을까?'

"내가 산모였다면 나는 어떻게 행동했을까, 산모처럼 음식을 나누어 줄 수 있었을까." 어림도 없는 이야기다.

이틀이 아니라 한 끼만 굶어도 허기가 져 정신이 오락가락 하고, 더욱이 어린 자녀가 이틀 동안 아무것도 먹지 못했다면 남의 것을 훔치거나 빼앗지 않으면 다행이다. 이런 와중에 다른 사람을 생각한다는 것은 상상하기조차 힘든 일이다.

풍년이 들어 쌀이 넘쳐나도 선뜻 어려운 이웃에게 나누어주지 않는다. 더구나 흉년이 들어 먹을 것이 부족하다면 나보다 힘든 이웃에게 음식을 나누어 주기란 정말 힘든 일이다. 풍년에 받은 쌀 한

가마니는 그저 고맙다고 한다. 하지만 흉년에 받은 쌀 한 말은 평생 잊을 수가 없다. 목숨과도 같기 때문이다.

많은 사람들이 열심히 일하고 투자를 잘해서 풍요롭고 넉넉하게 살기를 원한다. 그리고 나중에 사회와 어려운 이웃을 위해 기부를 하겠다고 한다. 하지만 진정한 사랑, 진정한 나눔은 내가 풍족할 때 하는 것이 아니라 언제나 늘 지금 당장 해야 하는 것이다.

세상살이가 점점 더 각박해져 간다.

나에게 도움이 되는 사람에게는 한없이 친절하고 따뜻한데 반해 이익이 되지 않는 사람에게는 작은 배려도 할 여유가 없다. 때를 놓치고 망설이는 사이에 우리 주위에 많은 사람들이 아파트에서 뛰어내리고, 목을 매 스스로 목숨을 끊는다. 그들이 그렇게까지 극단적인 생각과 행동을 하는데 과연 우리는 아무 잘못도 없는 것일까. 우리 나라에서 자살하는 사람은 하루에 43명으로 OECD 국가에서 가장 많다. 하루에 43명이면 1년에 약 15,700명의 사람들이 스스로의 삶을 뒤로하고 세상을 떠난다. 과연 우리는 아무 책임도 없는 것인지 자문해 보아야 한다.

우리는 살면서 소중한 일들을 뒤로 미루며 살고 있다. 내일부터 하지, 다음 주 다음 달, 내년 혹은 몇 년 후에…. 지금 당장은 힘들고 귀찮지만 나중에는 잘 할 수 있을 거라고 착각한다.

불확실한 미래에 대한 두려움 때문에 사람들은 지금 당장 나누거나 베풀 여유가 없다. 우선 평안하고 여유롭게 살다가 죽기 직전에 남은 재산의 일부는 자녀에게, 일부는 사회에 기부하겠다는 사람들이 많다. 물론 세상을 떠나기 전에 내 재산의 일부를 사회에 내놓는다는 것은 분명 훌륭한 일이다. 하지만 어떻게 생각하면 내 평생에 잘 먹고 잘 살다가 남는 게 있으면 그때 가서 조금 나눠주겠다는 것이다. 나쁘게 표현하면 평생 실컷 즐기고 먹고 난 다음 더이상 먹을 수 없을 때 남은 음식을 조금 나눠주겠다는 것과 크게 다르지 않다.

과연 이것이 진정 아름다운 나눔이고 사랑일까. 지금 내가 가지고 있는 것의 일부를 어려운 이웃에게 나눠주는 것이 더 소중한 나눔의 실천일 것이다. 젊어서 나눔을 실천하지 못하는 사람이 늙어서 어느 순간에 갑자기 큰 나눔을 실천하기란 쉽지가 않을 것이다. 나눔에도 결심과 실천 그리고 습관이 필요하다.

나눔을 너무 어렵고 거창하게 생각할 필요가 없다.

초등학교를 다닐 때 운동회에서 달리기를 하면 1등한 사람은 공책 3권을 받고, 2등한 사람은 공책 2권, 3등한 사람은 공책 한 권을 받는데 4등과 5등은 상품이 없다. 어렸을 때는 잘 달리고 상품을 받으면 좋아라 하며 품에 안고 집으로 달려갔지만 이제 어른이 되었으니 1등과 2등을 한 사람이 공책 한 권씩을 4등과 5등을 한 사람에게 나눠주면 되는 것이다.

내가 공책 두세 권을 가지고 집에 가는 것 보다 받지 못한 사람에게 한두 권 나눠주고 함께 어깨동무를 하고 가면 정말 행복하다.

나눔을 실천해 본 사람은 안다. 내가 혼자 갖는 것보다 함께 나누어 갖는 것이 얼마나 행복한 일인지. 나를 위해 돈을 쓰는 것보다 남을 위해 돈을 썼을 때 얼마나 더 인생이 풍요롭고 아름답고 행복한지.

어떤 사람은 주체할 수 없을 정도로 많은 부를 가지고 있고 어떤 사람은 지금 당장 먹고 살기도 힘들다. 이것은 자본주의 사회에서 일정부분 불가피한 일이다. 그러나 이것을 당연한 일로만 여겨서는 안 된다. 빈부의 격차와 부의 편중이 자본주의사회에서 어쩔 수 없는 현상이라면 그 불균형한 부를 조금씩 나누어 극빈층을 없애고 어려운 사람을 이웃으로 감싸 안으며 더불어 살아가야 한다. 이것은 우리 모두가 할 수 있는 일이고 해야 할 일이다.

살면서 뒤로 미루지 말아야 할 일들이 많지만 그 중에 하나가 이웃과 함께 나누고 더불어 살아가는 것이다.

그동안 우리 리스톡 카페는 매년 장애인복지시설과 주변에 어려운 이웃을 돕는 다양한 봉사활동을 했다. 2010년 나눔 활동으로 폐암 말기 환자와 뇌출혈로 투병 중이신 분, 극심한 경제난을 겪고 있는 가정에 도움을 드렸다. 그리고 5개월 후 폐암으로 투병하시던 분이 돌아가셨다. 그리고 한 달 뒤에는 뇌출혈로 투병 중이던 분께서 세상을 떠나셨다. 만약 우리가 나 살기 바쁘다는 이유로 그 분들을 외면했다면 그분들이 세상을 떠나기 전에 우리의 따뜻한 사랑을 전해 드릴 수 없었다.

성냥팔이 소녀는 아무도 성냥을 사주지 않아 추위에 떨다가 마침내 죽었다. 만약 지금 우리가 성냥팔이 소녀를 만난다면 아무도 소녀를 외면하지 않고 소녀의 성냥을 사 줄 것이다. 내가 성냥을 사지 않고 그냥 지나치면 성냥팔이 소녀가 죽는다는 사실을 알고 있기 때문이다.

성냥팔이 소녀는 동화책에만 있는 것이 아니다.

우리 주위에는 지금도 많은 성냥팔이 소녀들이 있다. 다만 나 살기 바쁘다는 이유로, 우리 가족만 챙기느라 보지 못할 뿐이다. 이제 잠시 가던 길을 멈추고 성냥팔이 소녀의 성냥을 사주고 따뜻한 밥과 옷을 한 벌 사주자. 사람을 살리는 일이라면 아무리 작은 관심과 사랑일지라도 이 세상에서 가장 아름다운 일이다.

책 한 권이
인생을 바꾸다

택배가 도착했다. 누군가 날 기억하며 책을 선물로 보냈다는 사실에 마음이 포근해진다. 보낸 사람은 테크노경영대학원 제자인 조치원님이었다.

나는 강의 중에 책을 자주 추천한다. 그중 하나가 바로 『어머니 저는 해냈어요』라는 책이다.

저자 김규환 님은 초등학교를 졸업하고 공장청소부로 시작하여 초정밀분야 한국 최고의 명장이 되었다. 그는 62개 초정밀부품을 국산화하고 2만 4천 건의 아이디어를 제안했다.

필자는 '목숨 걸고 노력하면 안 되는 것이 없다.'는 삶의 자세를 보여주었고, 나는 그의 책에 감동을 했다. 나름 열심히 산다고 생각했었는데 나 자신이 많이 부족하다는 것을 느꼈고 더욱 열심히 살아야겠다는 의지를 갖게 되었다.

대학원 강의가 끝나고 1년쯤 지나 조치원님이 나를 찾아왔었다. 그의 손에는 최근 1년간 취득한 금융, 경제와 관련된 자격증 사본 4장이 있었다.

"교수님께서 추천해 주신 그 책이 제 인생을 바꾸어 놓았습니다. 덕택에 열심히 공부해서 4개의 자격증을 취득했습니다."

그 후, 그는 3개의 자격증을 더 취득했고 앞으로 10개를 채울 것이라고 했다. 그리고 목표를 이루었다. 은행FP, AFPK, 증권투자상담사, 회계관리1급, 부동산펀드상담사, 파상상품투자상담사, 펀드투자상담사, 기업자금관리사, 채권법무관리사, 빌딩경영관리사 자격증을 조치원 님이 2년 사이에 획득했다 .

책의 위대함을 느끼는 순간이었다. 한 권의 책이 사람의 인생을 바꾼다는 말은 사실이었다. 그는 책 한권으로 자신의 삶을 바꾸었다.

답장을 보냈다.

봄이 왔는데 날씨가 우중충하네요.

잘 지내고 계신지요?

그동안 늘 열심히 최선을 다하시는 모습을 옆에서 지켜볼 수 있다는 것 자체가 큰 기쁨이고 행복입니다. 저도 조치원님을 통해서 많이 배우고 자극받고 있습니다.

계획대로 다 이루시고 일본여행은 즐겁게 다녀오세요!

열심히 뛰시는 만큼 건강관리도 잘 하시고 나중에 밝은 모습으로 뵙겠습니다.

조치원님께서 보낸 이메일을 대학생들에게 공개해도 될까요?

요즘 대학생들을 보면 취업이 힘들어서 기가 많이 죽어있어요.

『어머니 저는 해냈어요』를 읽으라고 몇 번 말해도 잘 읽지 않네요.

허락하신다면… 조치원님 이야기를 우리 카페에도 올리고 싶습니다.

이렇게 열심히 노력하시는 분이 계시다는 것을 많은 분들께 알리고 싶습니다.

늘 행복하세요!

이만섭 드림

그에게 회신이왔다.

우리 교수님께!

물론입니다.

항상 나침판과 같은 길잡이 역할을 해주시는 우리 교수님!

늘 좋은 일만 가득하길 바랍니다.

오늘 주가가 떨어지는데 또 다시 저가매수 기회가 오는 것 같아 맘이 편합니다.

각 회사가 자기를 사 달라고 바겐세일을 시작하는 기분입니다.

좋은 제품을 싸게 살 수 있는 기회이니까요.

돈을 벌려면 뭐든지 좋은 물건을 싸게 사서 비싸게 팔아야 한다고 하신 교수님 말씀이 기억납니다. 멀리 떨어져 있지만 마음만은 가까이 있습니다.

교수님! 파이팅 하세요.

교수님 제자 조치원 올림

차동엽 신부님의 『무지개 원리』를 2007년에 읽고 너무 좋아서 120권을 고객과 지인에게 나눠드렸다. 그리고 강의 중에 맨 앞에 앉아서 열심히 공부하는 분에게 책 한 권을 드렸다. 종강할 때 , 그는 선물받은 도서를 40권 가지고 와서 수강생들에게 한 권씩 나눠 주었다. 책을 선물받은 어떤 교수님은 10권을 주문해서 졸업생들이 찾아오면 한 권씩 선물로 주었다.

랜드 포시 교수의 『마지막 강의』도 꼭 읽어보아야 할 책이다. 이 외에도 『성공한 CEO에서 위대한 인간으로』, 『유일한 평전』, '꿈, 희망, 미래』, 『친구가 되어주실래요?』, 『귀인』 등 추천하고 싶은 책이 너무도 많다.

좋은 책을 만나는 것은 위대한 스승을 만나는 것이고, 위대한 스승과의 만남은 내 인생을 바꾸는 힘이 된다. 고도원, 법정스님, 안철수, 이민규, 이지성, 이철환, 이해인수녀, 파울로코엘료, 차동엽 신부, 한비야의 저서는 모두 읽어 보라고 권하고 싶다.

재테크나 투자와 관련해서는 『돈 걱정 없는 노후 30년』 『서른 살부터 시작하는 주식재테크』, 『주식농부처럼 투자하라』, 『내안의 부자를 깨워라』, 『돈 뜨겁게 사랑하고 차갑게 다루어라』 등의 책이 좋았다.

학교 강의나 재테크 특강을 나가면 '공부하세요! 알고 투자하셔야 됩니다.'라고 강조한다. 많은 사람들이 투자에 대해 아무것도 모른 채 수 년간 애써 모아온 돈을 주식이나 펀드에 덜컥 투자하고 나서 손실을 보고 크게 후회한다.

조치원님은 2008년 대학원 1학기부터 고객인데 2008년 미국발 서브프라임 위기와 2011년 유럽발 금융위기 상황에서도 매년 꾸준히 수익을 내는 것을 보면 공부의 중요성을 다시 한 번 느낀다.

그런데 어찌된 일인지 사람들은 자기가 몰라서 투자에 실패한 것이 아니고 단지 운이 나빴다고 생각한다. '나는 아무 문제가 없는데 다만 운이 나빴을 뿐이야.' '누가 잘못된 정보를 줘서 그래.'라고 치부한다. 아직도 많은 사람들이 금융시장이 저축과 예금의 시대에서 투자의 시대로 변한 것을 모르고 있는 듯하다. 그들은 금융이나 투자에 대한 공부는 나하고는 상관없는 일이라고 생각한다.

'책 많이 보고 열심히 공부하세요! 그래야 투자에 성공합니다. 소액이라도 적립식펀드부터 투자를 시작해보세요!'라고 말하면 지금은 투자할 돈도 없고 먹고살기 바쁜데 투자는 무슨 투자냐며 나중에 자금 여력이 생기면 공부하겠다고 한다. 공부를 하거나 책을 볼 시간이 없다고 오히려 하소연한다.

나는 아침 7시 30분경 사무실에 출근해서 하루를 시작한다. 그리고 회사 업무가 종료되면 월요일에는 저녁 7시부터 10시까지 대학에서 강의를 하고 화요일에는 오후 3시부터 11시까지 강의를 한다. 수요일에는 저녁 6시 30분부터 9시 30분까지, 목요일에는 각종 특강 스케줄에 맞춰 강의를 하거나 자유 시간을 갖고 금요일에는 저녁 7시 30분부터 11시까지 성당에 나간다. 토요일에는 아침 9시부터 12시까지 대학원 강의를 하고 오후에는 다음 주 강의준비를 한다. 일요일에는 오전에 성당을 가고 오후에는 강의 준비를 하거나 강의 자료를 약 250명의 학생들에게 이메일을 발송한다.

이렇듯 빡빡한 일정 속에서도 나는 한 달에 20권 정도 책을 구입해서 일주일에 두세권 이상 읽는다. 잠자리에 들기 전 잠깐, 혹은 이동하면서 자투리 시간에 조금씩 읽고 시간이 나는 목요일이나 휴일에 책을 읽는다. 나는 꿈이 있기에 열심히 뛴다. 많은 일을 하는 것이 아니라 일과 강의를 즐긴다. 시간이 없다는 것은 핑계다. 시간이 없는 것이 아니라 관심과 열정이 없는 것이다.

공부를 한다고 해서 반드시 성공하지는 않는다. 하지만 성공한 사람은 모두 열심히 공부한 사람들이다.

어떤 직업이 좋을까?

경제학과 4학년 수업을 시작하면서 가장 먼저 학생들에게 자신의 꿈과 희망, 앞으로 하고 싶은 일을 적어서 내라고 한다. 학점과 자격증 등 각종 스펙을 쌓아도 취업하기가 하늘에 별 따기인 요즘, 난데없이 꿈과 희망이 무엇인지 질문을 하면 학생들은 적잖이 당황한다.

매일 열심히 살지만 조급한 마음에 코앞만 보고 달리는 젊은이가 대부분이다. 뭔가를 해야만 할 것 같고 그냥 있으면 나만 뒤쳐진다는 생각에 부지런히 뛰어다닌다. 그러나 중요한 것은 어디로 뛰어가야 할 것인지 목표와 방향이 있어야 한다. 부지런히 뛰기는 했는데 결과적으로 내가 원하는 길이 아니면 그동안의 노력이 플러스가 되는 것이 아니라 마이너스가 될 수도 있다.

학생들이 원하는 직장, 일하고 싶어 하는 분야를 보면 절반은 금융권 취업을 꿈 꾸고 절반은 공무원이 되기를 희망한다. 금융권 취업을 원하는 학생들은 증권사 40%, 은행 40% 그리고 나머지가 농협이나 신협 등의 금융회사를 희망한다. 그런데 보험회사를 가겠다고 하는 사람은 아직까지 한 명도 보지 못했다.

"증권사나 은행에 가고 싶다는 사람은 이렇게 많은데 보험회사 간다는 사람은 왜 한 명도 없죠?"

"보험회사 가면 영업해야 되잖아요!"

보험회사에 가면 영업하고 증권회사나 은행에 가면 사무실에 앉아서 오는 고객들 상담만 하면 되는 줄 안다.

자본시장 통합법 이후 보험회사, 은행, 증권회사의 업무영역은 거의 사라졌다. 상호만 달랐지 은행에서도 펀드와 보험을 팔고, 증권회사에서도 저축성 예금과 신탁, 연금 등을 판매한다. 보험회사의 주력상품은 펀드에 투자되는 변액보험이다. 보험회사만 영업하는 것이 아니라 증권회사나 은행도 고객을 개척하고 확보하지 못하면 살아남지 못한다. 그러나 아직 많은 학생들이 증권회사와 은행만 선호하고 보험회사에는 관심을 두지 않는다.

보험회사에 들어가서 몇 년간 최선을 다해 시장을 개척해 놓으면 분명히 더 좋은 기회를 만들 수 있다. 보험회사에서 영업을 잘 하는 사람은 증권회사나 은행에서 그 능력을 쉽게 발휘할 수 있다. 하지만 은행이나 증권회사에 근무하는 사람은 보험회사에 가서 살아남기가 쉽지 않다. 그만큼 보험회사 영업은 처음에는 힘이 들지만 가치가 있는 것이다. 오히려 보험회사에서 억대 연봉을 받는 사람은 증권회사나 은행에 관심이 없는 경우가 많다. 보험회사만큼 개인의 능력에 따른 성과급체계가 잘 되어 있는 곳은 드물다.

자동차와 보험업계에서 영업을 잘하는 사람이 정말 프로다. 그래서 나는 그들이 항상 존경스럽다. 그들은 어떤 일을 해도 잘할 가능성이 매우 높다. 판매 상품의 경계가 없어지는 시대가 되면 그들의 네트워크와 영업력은 더욱 빛을 발하게 될 것이다. 보험회사 직원이 보험 상품뿐만 아니라 예금, 펀드 그리고 자동차, 골프/콘도 회원권 등등 사람이 파는 것은 모두 파는 세상이 올 것이다. 그들은 영업의 달인이다. 영업을 잘하는 사람, 인적네트워크가 점점 더 중요한 세상이 되고 있다.

IMF 이후 평생직장 개념이 사라지고 민간기업의 경우 정년을 채우지 못하고 명예퇴직이나 조기퇴직, 승진을 하지 못해 좌천을 당하는 것을 보면서 공무원의 인기가 점점 높아지고 있다. 하지만 10년, 20년 후에도 지금처럼 공무원의 직업선호도가 이렇게 높을까?

20년 전에는 시골에서 공부는 잘 하는데 집안형편이 어려운 사람들이 대학에 가지 못하고 공무원시험을 봐서 9급 공무원 생활을 시작했다. 그 무렵에는 '너 뭐 할 거니?'라고 물으면 '면서기라도 해야지'라고 했었다. 몇 달만 공무원 수험서를 공부하면 9급 공무원시험에 합격할 수 있었다. 공부를 좀 한 사람은 처음부터 7급 시험에 도전했다. 당시만 해도 공무원은 인기가 없는 직업이었다. 월급이 적은 공무원보다는 민간기업에 취업하는 것을 선호했다.

요즘 공무원시험 경쟁률이 수백 대 일인 것은 화젯거리도 아니다. 공무원시험이라고 하면 일반 행정직 공무원이든, 소방직이든, 경찰직이든, 세무직이든, 법무직이든 모두 100:1이 넘는다. 사정이 이러니 공무원시험에 합격하는 사람은 일류대 학생이거나 공부를 거의 고시 수준으로 한 학생이다.

공무원은 청렴과 성실성, 국가를 사랑하고 봉사하는 마음이 가장 중요하다. 머리가 좋고 우수한 사람보다 우직하고 듬직한 사람, 가슴이 따뜻한 사람이 공무원이 되는 게 나라와 국민, 그리고 개인을 위해서 더 좋을 수 있다.

우수한 인재는 공무원을 꿈 꿀 것이 아니라 우리 나라를 먹여 살리는 첨단기술 개발, 바이오·생명과학, 수출산업인 전기전자, 자동차 등 글로벌 경쟁이 치열한 분야에 가서 역량을 발휘하는 것이 국가와 개인 모두에게 도움이 될 것이다. 지금은 공무원과 선생님 인기가 하늘을 찌르지만 10년 후, 20년 후를 본다면 지금 인기절정인 분야 보다는 오히려 지금은 인기가 없지만 나중에 커질 산업, 내가 좋아하고 잘하는 분야에 젊음을 바치는 것이 나중에 보면 맞다.

만약, 내가 대학 4학년이라면 어떤 직업을 선택할까? 나는 우리 나라의 전통 장류나 김치, 버섯 등 웰빙 식품을 만드는 일을 선택하거나 사진작가가 되기를 희망할 것 같다. 물론 젊어서 고생을 두려워하지 않아야 할 수 있는 일이다. 지금 당장 급여가 많고, 안정적인 곳보다는 시간이 갈수록 가치가 높아지는 일, 내 실력이나 수준이 높게 오를수록 대접받는 일을 지망할 것이다.

얼마 전 평소 존경하는 선배님들과 주말 산행을 했다.

"요즘 젊은 사람들은 풍족하게 생활하면서 공부하는 것은 좋은데 정작 사회에 진출하려고 하면 일 할 곳이 없다. 우리는 어려서 고생을 했지만 학교를 졸업하면 일자리는 많았는데 요즘 젊은이들을 보면 참 불쌍하고 안쓰럽다."

정말 가슴 아픈 현실이다. 그러나 이것이 우리가 살고 있는 시대의 현실이라면 불평불만하고 외면하기보다는 주어진 현실에서 가장 좋은 최선의 방법을 찾아야 한다. 길이 없다고 주저앉는 사람이 있는가 하면 없는 길도 만들어서 가는 사람이 있다. 세상을 바꾸기란 쉽지 않다. 하지만 내 마음만 고쳐먹으면 얼마든지 바꿀 수 있다.

"세상을 바꿀 것인가? 나를 바꿀 것인가?"

금융업에
종사하는 후배에게

13년 전 증권회사에 입사하면서 나는 '증권회사 직원들은 10년 이상 근무하면 큰 부자가 되고 20년 이상 근무하면 준재벌 정도는 되겠구나.'라고 생각했다. 그런데 막상 입사해 보니 실상은 그렇지 못했다.

증권회사 직원들 중에는 큰 빚에 허덕이는 사람들이 많았고 10년, 20년을 근무하고도 집 한 채 장만하지 못한 선배가 많았다. 아무리 IMF 금융위기 이후로 가장 힘든 시기라고는 하나 어째서 이렇게 힘들게 지내는지 이해하기 어려웠다.

당시 증권회사 영업직원들은 자의반 타의반으로 자기매매를 하는 게 일반적이었다. 영업실적을 맞추기 위해서 혹은 돈을 벌기 위해 주식투자를 하는 사람도 있었다. 그러나 어떤 경우에도 결과는 좋기 보다는 좋지 않았다. 기라성 같은 선배들이 요동치는 주식시장에서 잠깐 머물다가 흔적도 없이 사라졌다. 그들은 누구보다도 명석한 두뇌와 뜨거운 열정으로 생활했으나 모든 재산을 다 날리고 큰 후회와 회한을 안고 피눈물을 흘리며 금융시장을 떠났다.

왜 그들은 떠나야만 했을까.

그들에게는 정보가 너무 많았다. 그것은 득이 아니라 오히려 해가 되었다. 그리고 직원으로서의 임무에 충실했어야 하는데 자기매매를 하면서 본분을 잊고 오로지 투자자로서 시장을 보고 대응했다.

개인투자자들에게 왜 주식투자에 실패했다고 생각하느냐고 물으면 '정보가 부족해서', '시간이 부족해서', '차트를 볼 줄 몰라서'라고 한다. 그렇다면 1년 내내 모니터 앞에서 기술적 분석을 하는 증권회사 직원들은 큰돈을 벌어야 마땅한데 오히려 손실을 보았다. 이것은 개인투자자들의 투자 실패 원인이 많은 사람들이 생각하는 것과는 다르다는 사실을 뜻한다.

투자자들이 주식 투자에서 실패하는 가장 큰 이유는 그들이 알고 있는 투자원칙을 스스로 지키지 못했기 때문이다. 좋은 주식을 사야하고, 분할 매수와 분할 매도를 해야 하고, 주식을 사기 전에 충분히 분석하며 연구해야 하고, 단기매매가 아닌 중장기 투자를 해야 하고, 손실이 나면 빨리 손절매를 해야 하고, 수익이 나도 좋은 주식은 느긋하게 갖고 있어야 한다는 사실은 모두가 알고 있지만 이것을 실제로 지키지 못했기 때문이다. 주식투자에 성공하는 방법을 아는 사람은 많지만 실제로 지키는 사람은 극소수에 불과하다.

아직도 많은 사람들이 주식투자에 성공하기 위해서 기술적 분석에 관한 책을 보며 열심히 공부하지만 정작 그들의 투자 성적은 예전과 별반 다르지 않다.

다행히 지금은 증권회사 직원 중 자기매매를 하는 사람은 거의 찾아보기 어렵다. 투자를 하더라도 펀드 투자나 자기 급여의 일정 부분을 합법적으로 건전하게 투자하고 있다. 증권회사에서도 직원들이 자기매매를 해서 영업약정을 채우는 것을 용인하지 않는다. 젊은 직원들은 현명하기 때문에 예전 선배들처럼 미련하게 맨땅에 헤딩하는 사람도 없다. 그동안 용감했던 선배들이 장렬히 전사하는 모습을 많이 보아왔기 때문이다.

금융업계에 종사하는 사람은 꽃을 파는 사람이다. 꽃을 파는 사람이 꽃향기에 취하면 안 된다. 자기 돈을 투자하면 나도 모르게 고객을 등한시 하게 되고 금융회사 직원으로서의 본분을 잊어버릴 수 있다. 특정 주식을 보유하고 있으면 객관적으로 시장을 보거나 종목을 정확하게 분석하기 어렵다. 내가 보유한 주식이 좋아 보이고 나도 모르게 주관적으로 판단하게 된다. 이는 나는 물론이고 나의 고객이나 내가 근무하는 회사 모두에 손해다. 내가 직접 투자해서 돈을 벌려면 금융기관에 근무하지 말고 전업투자를 해야 한다.

증권회사는 다른 업종이나 회사에 비해 개인주의가 많은 것이 특징이다. 각자 본인의 고객을 관리하고 그 성과에 따라 성과급을 받기 때문에 '우리'보다는 '개인'이 우선하는 경우가 많다. 조직 구성원에 대한 결속력이나 애정이 다른 직종에 비해 높지 않다.

금융업계 종사자들은 '좋은 지점장', '좋은 상사', '의리 있는 동료', '성실한 후배 직원'과 함께 근무하기를 원한다. 그러나 내가 먼저 '좋은 선배', '믿음직한 후배', '성실한 동료'가 되어야 나와 함께 근무하는 사람들도 나에게 좋은 직장 동료가 될 수 있다. 그럼에도 나는 문제가 없는데 다른 사람들이 문제라고 생각하고 불평불만하는 종사자가 있다.

'어디에 가거나 내 귀여움은 내가 받는 것'이다.

주인의 눈에는 자기 밭에 돌이 보이지만, 머슴의 눈에는 보이지 않는다. 많은 직장인들은 정작 그들 자신도 모르는 사이에 주인이 아니라 머슴의 눈으로 세상을 보면서 산다. 내가 직원이라고 생각하면 내 생각과 시선은 직원 수준에 머물고 만다. 내가 비록 직급은 낮더라도 지점장이라고 생각하면 지점장 시각에서 회사와 지점이 보이고 고객이 보인다. 나 스스로 고용되어 급여를 받는 봉급생활자라고 생각하면 그 순간부터 직장생활은 피곤해지고 시간이 지날수록 자연스럽게 도태된다.

　나는 사장이다. 이것은 나의 사업이라고 생각하면서 직장생활을 하면 점차 시간이 지날수록 그 사람은 다른 사람보다 앞서 갈 수밖에 없다. 다른 사람들 눈에 보이지 않는 많은 문제들이 그 사람의 눈에는 보이기 때문이다.

　누가 최선을 다해 열심히 노력하는지, 누구를 믿고 신뢰할 수 있는지 고객들은 안다. 시간이 지나고 나면 자연스럽게 드러나는 것이 세상의 이치다. 금융회사에서 가장 모시고 싶어 하는 VIP고객들은 모두 투자나 재테크의 고수다. 어설픈 실력으로는 그들을 절대로 나의 고객으로 모실 수 없다. 그들보다 더 뛰어난 실력을 갖출 때 비로소 그들은 나의 고객이 된다.

　증권회사에 찾아오는 고객이나 외부에서 만나는 사람들 모두가 우리 회사의 고객이 되지는 못한다. 어떤 사람은 상품이 너무 위험하다고 투자를 꺼리고, 어떤 사람은 고수익을 원하는데 이 정도 상품은 마음에 안 든다고 돌아간다. 첫 만남에서 망설이거나 투자를 보류하면서 고객으로 연결이 되지 않는 사람들이 훨씬 많다. 중요한 것은 직원과 나눈 상담이 불만족스러워서, 원하는 것을 찾지 못해서 떠나는 고객은 그것으로 끝이라는 것이다. 고객이 어떤 이유로 투자를 망설이거나 자신의 고객이 되지 못했다면 반드시 그 이유를 메모해 놓아야 한다.

‘홍길동은 현재 출시된 상품이 너무 위험하다고 투자를 하지 않음, 갑돌이는 현재 출시된 상품의 기대수익률이 너무 낮다고 판단하여 투자하지 않음, 갑순이는 현재 목돈이 없어 투자할 여유가 없으나 금년 말에 3년 정기적금이 만기가 된다고 함.’

위험이 높아 그동안 투자를 망설이던 잠재고객에게 알맞은 상품을 추천하기 위해 전화를 하면 그동안 나를 잊지 않고 기억하고 있다는 사실에 깜짝 놀란다.

“아니, 어떻게 나를 기억하고 연락을 주셨어요?”

사람은 누구나 자기를 기억해 주고 소중하게 여기는 사람에게 호의적이다. 당연히 그 다음 일은 자연스럽게 물 흐르듯 진행된다. 위험이 높은 상품이 출시되면 그때는 그동안 기대수익률이 낮아 투자를 망설이던 분들께 전화를 드린다. 기존의 예금이나 투자 상품이 만기가 되어 여윳돈이 생기신 분께는 그 즈음에 가장 좋은 금융상품을 추천해 드린다. 이때 투자 상담을 하거나 금융상품 판매를 하면 성공률이 매우 높다.

이제는 열심히 일하는 것만이 최고가 아니다. 효과적으로 일을 해야 한다. 하루 종일 땀을 뻘뻘 흘리고도 성과가 1인 사람보다, 자기 할 일은 다 하면서 회사 업무를 3이나 5의 성과까지 내는 사람이 존중을 받는다.

영업을 하다보면 고객에게 명절과 기념일에는 선물을 하는데 이

때 비용이 만만치 않게 들어간다.

증권회사 우수고객은 은행이나 다른 모든 금융기관의 VIP라고 보면 맞다. 명절 때 자택을 방문해 보면 거실에 갈비와 값비싼 선물이 쌓여있다. 괜히 이런 분에게는 선물을 잘못하는 것은 안하느니만 못하다. 그렇다고 최고의 선물을 하기에는 경재적 부담이 너무 크다.

나는 매년 1년 동안 읽은 책 중에 가장 좋은 책을 100권 이상 주문해서 고객들에게 선물과 함께 책을 드린다.

"사장님! 이 책은 정말 좋은 책이니 사장님이 읽으시고 자녀분들에게 꼭 읽으라고 하세요. 큰 유산을 물려주는 것보다 올바른 투자에 대한 지식과 지혜를 물려주는 것이 더욱 중요합니다."

그러면 책 선물을 받으시는 고객들은 정말 고마워한다. 책 한 권의 값은 싸지만 그 효과는 백화점 상품권 몇십 만원 보다 훨씬 더 빛을 발한다. 이때 중요한 점은 반드시 내가 많은 책을 읽어보고 정말 우리 자식에게 남겨주고 싶은 정도로 가치가 있는 책을 골라야 한다는 것이다.

금융 영업을 하는 사람에게 이제 더 이상 공간의 제약은 없다. 사람들이 컴퓨터나 휴대폰을 이용해 투자를 하기 때문에 거리는 문제가 되지 않는다. 그럼에도 많은 사람들이 우물 안의 개구리처럼 내가 있는 지역에서만 고객을 찾으려고 애쓴다. 이제는 전 세계는 아니더라도 우리 나라 전 지역을 대상으로 영업을 해야 경쟁력을 갖출 수 있다.

나는 공주지점에 근무하지만 나의 고객은 대전, 서울, 경기도, 경상도, 전라도에 있다. 학교 강의나 특강에서 만나는 분들과 내가 운영하는 카페를 통해 오신 분들이 내 고객이 된다. 이제는 거주하는 지역뿐 아니라 고객이 있는 곳이라면 그곳이 어디든 전국을 무대로 뛰어다닌다.

아직도 많은 영업직원이 생활 공간과 영업공간을 따로 구분한다. 일상에서 영업이 자연스럽게 연계되도록 하는 것이 가장 효과적이다. 누군가의 고객이 되어 돈을 쓰는 경우에는 항상 내가 무슨 일을 하고 있는지 알리는 것이 매우 중요하다. 이때는 내가 갑(甲)이다. 명함을 드리면서 투자를 하고 있는지, 어떤 금융상품에 관심이 있는지 알아본다. 식사를 한 후에, 머리를 깎고 나서, 쇼핑을 하고 나면 내 지갑에서 돈이나 카드와 함께 반드시 내 명함이 나가야 한다.

성공하는 금융인이 되기 위해서 꼭 기억해야 할 세 가지가 있다.

먼저 부지런하자. 내가 부지런하면 어느 정도 수준 이상의 생활을 할 수 있다. 여기서 부지런하게 일한다는 뜻은 일의 시간을 무턱대고 늘리는 것이 아니라 생산성을 높이기 위해 효율적으로 현명하고 즐겁게 일하자는 의미이다.

정직해야 한다. 사람은 정직하지 못하면 언젠가는 망신을 당하고 난처한 입장에 처할 수 있다. 지금 당장 편하자고 진실을 외면하지 말고 정직해야 한다. 지금 당장은 다소 불편하고 손해를 보는 한이 있더라도 나중에 부끄러울 일이 없다.

마지막으로 겸손해야 한다. 부지런하게 일하고 정직하게 생활하면 주위에서 인정을 받고 어느 정도 안정된 생활을 할 수 있다. 하지만 한 단계 더 높이 올라가려면 겸손해야 한다. 겸손한 사람은 주위에서 도와주는 사람이 많다. 상황이나 지위에 따라 변하지 않는 사람이 큰 사람이 될 수 있다.

변화무쌍하고 항상 돈과 함께 생활해야 하는 금융인은 남이 보기에는 화려하고 매력적인 직업이지만 그 속을 들여다보면 늘 긴장과 고뇌의 연속이다. 열심히 일하는 사람일수록 더욱 그렇다. 건강관리와 자기관리를 잘 해야 한다. 많은 선배들이 한때 혜성같이 나타나 엄청난 업적을 이루었지만 건강을 해치거나 자기관리를 하지 못해서 한 순간에 무너졌다. 금융인으로서 맡은 바 임무에 최선을 다해야겠지만 우리 스스로 행복한 삶을 살기 위해 일을 해야 한다.

1/3의 법칙

초등학교 2학년이 되면 누구나 다 구구단을 외운다. 한 반에서 1/3정도의 학생은 빨리 외운다. 남들이 3단, 4단을 외울 때 8단, 9단을 술술 외운다. 다른 학생들보다 빨리 외운 이 1/3의 학생은 선생님께 칭찬을 받는다.

"엄마! 나 오늘 학교에서 구구단 빨리 외웠다고 선생님께 칭찬받았어요!"

"그래, 잘했다. 아빠와 엄마는 네가 참 자랑스럽구나!"

이 학생은 이때부터 수학이 재미있다고 느낀다. 누가 시키지 않아도 공부를 열심히 한다. 공부의 재미와 성취감을 맛보았기 때문에 공부를 강요할 필요가 없다.

1/3의 학생은 평범하다. 그들은 구구단을 적당한 속도로 외운다.

문제는 나머지 1/3의 학생들이다. 이들은 다른 친구들이 열심히 구구단을 외울 때 외우지 않고 버틴다. 시간이 지나도 구구단을 외우지 못해서 선생님께 혼이 나고 부모님에게 잔소리를 듣는다.

"다른 애들은 구구단을 다 외웠는데 너는 이제 3단, 4단 외우고 있으니 그동안 뭘 한 거니? 이렇게 공부를 안 하면서 대체 커서 뭐가 될래?"

엄마의 잔소리가 늘어나고 언성이 높아진다. 학원에서도 나머지 공부를 하고 학원선생님에게 또 혼이 난다. 이렇게 되면 이 아이는 구구단의 '구'자만 나와도 머리가 아프다. 수학책만 보면 스트레스를 받고 공부하라는 소리가 죽기보다 싫어진다. 이럴수록 부모님과 선생님은 점점 더 많은 잔소리와 아이에게 상처가 되는 말을 하게 된다. 아이는 '울며 겨자 먹기'로 마지못해 억지로 공부를 한다. 결국 이때부터 공부를 포함한 모든 일을 자기 스스로 알아서 하지 못하게 된다.

여러 명이 등산을 할 때 1/3의 사람들은 남들보다 조금 빨리 앞서간다. 1/3은 적당히 중간쯤 간다. 그리고 나머지 1/3의 사람들은 마지못해 억지로 끌려가듯 산을 오른다.

앞서가는 사람은 얼마쯤 가다 '일행이 너무 뒤쳐졌으니 조금 쉬면서 기다렸다가 함께 가자'라며 경치 좋은 곳에서 쉰다. 쉬다보면 중간쯤 오는 사람들이 도착하게 되고 맨 꼴지에 오던 사람들의 모습이 멀리서 보일 때쯤 가장 먼저 왔던 사람들은 '많이 쉬었으니 다시 가자!' 하고 산을 오른다.

중간쯤에 온 사람들은 제대로 쉬지도 못하고 다시 따라가야 한다. 맨 뒤에 오던 사람들은 앞서 가던 사람들이 보여 우리도 거기에 가면 좀 쉴 수 있겠다고 생각하며 기운을 내 보지만 앞선 사람들이 다시 산을 오르기 때문에 쉬지도 못하고 또 따라가야 한다. 가뜩이나 힘들어서 뒤에 쳐졌는데 앞 사람은 충분히 쉬고 다시 가기 때문에 겨우겨우 와서 기진맥진한 사람들은 쉬지도 못하고 또 가야하니 죽을 맛이다. 산에 오를수록 앞사람과의 거리는 점점 멀어져만 간다.

앞에 가는 1/3의 사람은 산에 오르면서 하늘도 보고, 구름도 보고, 들꽃도 보고 시냇물 소리와 바람을 느끼며 자연을 만끽한다. 여유로운 마음으로 행복한 산행을 한다.

중간에 가는 사람들도 그럭저럭 등산의 재미를 느낄 수 있다.

맨 뒤에 오는 1/3의 사람들은 등산을 하는 동안 앞사람의 뒤통수와 땅바닥만 쳐다보며 간다. 이들은 하늘도 구름도 바람도 꽃도, 계곡물의 시원함도, 기암괴석의 아름다움도 즐기지 못한다. '다시는 산에 오나 봐라, 내가 또 산에 오면 사람이 아니다. 왜 이런 고생을 사서 하는지 도대체 알 수가 없네.'라고 투덜대며 걷는다. 등산을 하는 내내 고통의 시간이다.

　중요한 것은 앞에서 즐거운 마음으로 등산을 한 사람이나 뒤에서 억지로 따라간 사람이나 모두 산을 한 번 넘는다는 것이다. 앞에 가는 사람은 한 번 넘고, 뒤에 가는 사람은 산을 두 번 넘는 게 아니다. 모두 다 똑같이 산을 한 번 넘었지만 앞서서 넘은 사람은 산행을 즐겼고 뒤에 가는 사람은 고행의 시간을 보냈다. 구구단을 결국에는 모두 다 외웠지만 누구는 칭찬받으며 더욱 공부를 잘하게 되었고, 누구는 끝까지 버티다 마지못해 끌려가면서 억지로 외웠다.

　먼저 구구단을 외우고 칭찬을 받는 사람, 등산을 할 때도 아름다운 자연을 만끽하면서 앞서가는 사람이 되고 싶은 게 모든 사람의 바람일 것이다.

　직장생활도 마찬가지다.

　회사에서 자격증을 취득하라고 하면 1/3의 사람은 부지런히 준비해서 첫 시험에 철썩 붙는다. 회사에서는 교육비와 격려금을 지급하는 등 칭찬을 아끼지 않는다. 적당히 2회나 3회에 합격하는 사람들도 그럭저럭 넘어간다. 문제는 마지막까지 자격증을 따지 않고 버티는 사람들이다. 처음에는 회사에서 교육비도 지원해주고 인센티브도 주지만 마지막에는 '이번에도 자격증 못 따면 금년 승진인사에서 제외됩니다.', '이번에도 떨어지면 불이익을 당합니다.', '이번에도 따지 못하면 사표 써!'라고 극단적인 상황에 몰리게 된다.

출퇴근도 마찬가지다.

출근이 8시면 여유 있게 7시 30분쯤에 미리 와서 그날 업무준비를 다 하고 다른 사람들을 위해 쾌적한 사무실 환경을 준비해 놓는 사람이 있는가 하면 8시가 임박해서 오는 사람도 있다. 심지어 8시 땡 하는 순간에 단거리 육상선수가 결승점 통과하듯이 오거나 지각을 하는 사람도 있다.

퇴근시간이 되면 상황은 아침과 정반대가 된다. 가장 늦게 출근한 사람들은 5시 30분만 되면 업무를 마감하고 책상정리까지 끝내 놓고는 6시 땡 하면 재빨리 사무실을 뛰쳐나간다. 아침에 가장 먼저 출근한 사람은 남들이 다 퇴근하고 나서 뒷마무리까지 마치고 나서야 퇴근한다.

인사철이나 임금협상 때 누가 승진하고, 누가 급여를 많이 받겠는가. 당연히 전자이다. 하지만 후자는 차별대우하지 말고 공평하게 대우해 달라고 요구한다. 과연 무엇이 공정한 것인가. 자신이 회사의 오너이고 최고경영자라면 과연 누구를 승진시키고, 누구를 중용할 것인지 입장을 바꿔서 생각해 보면 답이 보인다.

어른들에게 '초등학교 학생으로 다시 돌아간다면 어떻게 하시겠습니까?'라고 물으면 모두 하나같이 '열심히 공부하겠습니다.'라고 말한다. 그때 그 시절로 돌아간다면 구구단을 외울 때 뒤에 남는 1/3이 아니라 앞서가는 1/3이 되겠다고 말한다. 그리고 실제로 그렇게 할 것이다. 왜냐하면 우리는 결국, 모두 다 구구단을 외워야 한다는 사실을 잘 알고 있다. 기왕이면 빨리 외워 칭찬을 받는 것이 행복하다는 사실도 잘 알고 있다. 그러나 우리는 과거로 돌아갈 수 없다. 더욱 안타까운 것은 지금 이 순간 직장에서 그리고 개인의 삶에서 여전히 뒤에서 1/3로 살아가는 사람들은 세월이 흐르고 나면 지금 이 순간을 또 그리워하고 후회할 것이다.

세상을 살면서 1/3의 법칙을 잘 이해하고 실천한다면 우리의 삶은 한층 더 풍요롭고 행복해진다.

'스스로 알을 깨고 나오면 병아리가 되지만, 남이 깨면 계란 프라이가 된다.' 당신은 병아리가 될 것인가 아니면 계란 프라이가 될 것인가.

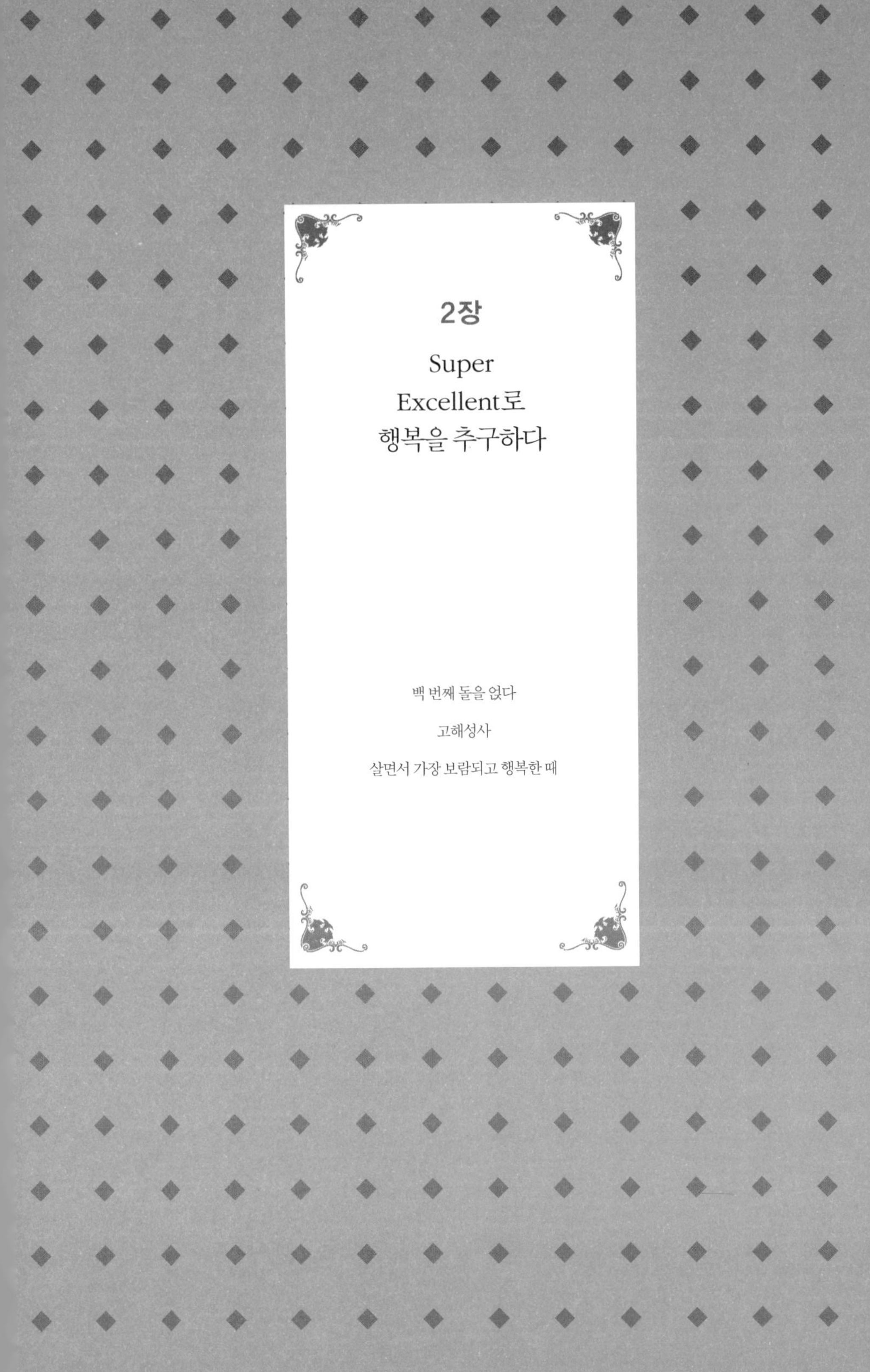

2장

Super
Excellent로
행복을 추구하다

백 번째 돌을 얹다

고해성사

살면서 가장 보람되고 행복한 때

백 번째 돌을 얹다

5년 4개월간의 군 복무를 마치고 사회에 나왔을 때 우리나라는 IMF의 긴 시름에 빠져 있었다. 직장을 구하는 나에게 기회는 좀처럼 오지 않았다. 나는 형과 함께 대전에서 IMF로 부도가 난 학원을 인수하여 경영하는 것으로 사회에 첫발을 내딛었다.

우리는 아이들 한명 한명을 보석과 같이 갈고 닦았다. 혹시 이 아이가 나보다 더 나은 선생님을 만나면 큰 재목이 될 수 있을 텐데 불행히 나를 만났다는 후회를 하지 않도록 하기 위해 최선을 다했다. 이 아이를 나보다 더 잘 가르칠 선생님은 대한민국에 없다는 자세로 임했다. 학원이 안정적으로 자리를 잡게 되자 나는 나의 평생 직업을 찾기 위해 증권과 파생상품 투자상담사 공부를 하면서 주식 투자를 시작했다.

99년 투자상담사 자격증을 따고 SK증권을 찾아갔다.

투자상담사에 지원하기 위해 당시 중부지역 본부장이었던 신상범 상무님에게 면담을 요청했다. 면담을 마치고 난 후 SK증권에서 나를 필요로 하도록 만들 필요가 있다고 생각했다. 그래서 SK증권 대전지점이 위치한 둔산 지역 내의 모든 증권사를 방문하여 경쟁력을 비교했다. 지역 내 8개 증권사를 돌면서 고객의 입장에서 모든 것을 보고 느낀 후 '둔산 지역 내 증권회사별 경쟁력 비교 및 SK증권 대전지점의 대응 방안에 대한 보고'라는 제목의 6장짜리 보고서를 만들었다.

각 증권회사별 하드웨어(H/W), 소프트웨어(S/W) 측면의 모든 경쟁 요소와 특성, 장·단점을 비교분석한 후 어떻게 하면 떠오르는 상권인 둔산 지역에서 SK증권 대전지점이 최고가 될 수 있는지 그 방향을 제시하는 내용이었다. 신상범 상무님은 보고서를 찬찬히 보시더니 나를 빤히 쳐다보시며 말문을 여셨다.

"자네 그룹공채를 통해 정규직원으로 도전해 볼 생각은 없나?"

99년 말 입사시험을 거쳐 2000년 1월 1일 나는 SK증권과 함께 새 천년을 시작했다. 3주 정도 되는 과정의 오리엔테이션을 받으면서 느낀 점은 40여 명의 동기들 중 대부분이 대학 졸업 후 곧바로 입사해 증권회사 직원임에도 불구하고 투자상담사 자격증이나 주식투자에는 문외한이라는 것이었다. 신입사원 교육을 마치면 각자

부서에서 실전에 임해야 되는데 준비가 부족하다는 생각이 들었다. 그래서 나는 내가 공부했던 증권, 파생상품 투자상담사 예상문제를 동기들에게 나누어 주고, 인력관리팀에 건의해 교육과정 중 동기들에게 '선물/옵션'에 대해 설명하는 자리를 만들었다.

대전지점에서 영업을 시작하다

99년부터 시작된 주식열풍, 특히 코스닥의 열기는 대전지점에서 지점영업을 시작한 2000년 초에도 뜨겁게 불고 있었다. 아침 8시부터 저녁까지 전화통을 붙잡고 열심히 상담을 하고 퇴근하면 귀가 윙윙거렸다. 당시 모든 지점이 부족한 인원으로 넘치는 고객을 감당했던 시기였지만, 나에게는 더없이 행복했던 시간이었다.

그런데 3월까지 고점을 기록한 주식시장은 이후 무섭게 하락했다. 지점의 영업직원들은 IMF의 고통을 겨우 이겨내고 있었으나 99년부터 상승하던 장이 하락하자 힘들어했다. 나는 이럴 때일수록 신입인 내가 조직에서 나름대로 역할을 해야 한다는 생각에 열심히 생활했다. 하지만 무너지는 하락장에서 무식하게 열심히 일한 나에게는 남보다 더 큰 고통이 따라왔다. 날마다 늘어가는 고객들의 손실, 속절없이 무너지는 주식시장 한 가운데에 상처투성이인 내가 서 있었다. 대세하락장이 지속되면서 나는 고민에 휩싸이게 되었다.

주식시장은 늘 상승과 하락을 반복하는 곳이다. 내가 여기서 살아남으려면 상승장에서 고객관리와 영업 방법도 중요하지만 하락장에서 고객관리와 영업 전략의 필요성을 느꼈다. 고객이 내가 아닌 다른 회사, 다른 직원을 만났으면 더욱 많은 수익을 낼 수 있었을 텐데 무능한 나를 만나 소중한 자산이 손실 난다면 그것은 있을 수 없는 일이었다. '불행한 만남이 되어서는 안 되지', '고객과 나의 만남이 소중한 인연이 되도록 노력하자.'

나만 할 수 있는 고객서비스를 하자

나는 나의 고객들을 대상으로 매월 1회 편지를 보내기로 했다. 간단한 인사와 이번 달 주식시장(거래소/코스닥/선물옵션)의 특징과 분석, 다음 달 주식시장의 전망과 주요 이슈, 추천종목 및 공지사항 등을 A4용지 3~4장의 분량으로 보고서를 작성해서 보냈다. 매월 말일에 3~4일 정도 작업을 해서 보냈더니 고객들이 매우 좋아했다. '이렇게 신경을 써주네' 하며 고객은 나에 대한 인식을 새롭게 갖고 신뢰를 보내주었다. 이는 영업력 향상으로 직결되었고 기존 고객을 통해 주변의 지인들을 소개받을 수 있었다.

날마다 급변하는 세상 속에서 좀 더 부지런하게 움직여야 내 고객에게 신속하고 정확한 정보를 줄 수 있기에 아침 출근은 항상 1등으로 하고자 노력했다. 입사 후 지금까지 출근시간은 7시에서 7시 15분을 넘기지 않았다. 내가 아침에 본 한 줄의 신문 기사나 뉴스가 고객의 수익증대와 손실방지로 연결될 수 있기에 늘 깨어있고자 노력했다.

고객과 상담을 하면서 고객성향을 파악하고 그에 맞는 맞춤서비스를 하려고 노력했다. 위험 수용정도에 따라 위험선호형, 중립형, 회피형, 투자성향에 따라 중·장기투자, 단기투자, 거래소/코스닥 선호도, 고가 우량주와 저가주, 부실주 등 고객의 성향을 파악했다. 나는 파악된 고객성향에 맞게 고객을 분류하고 시장의 흐름과 개인 투자 성향에 맞게 투자 상담을 했다. 저가주를 선호하는 고객에게 삼성전자를 권유하거나 우량주를 선호하는 고객에게 중소형주나 코스닥 종목을 추천하는 무의미한 일을 하지 않기 위해 노력했다.

여러 사람의 고객을 관리하다 보면, 특히 사이버 매매를 하는 고객이 무슨 종목을 가지고 있는지 알지 못할 때가 종종 있다. 증권회사 직원들은 주식시장이 상승하는 날에는 기분이 좋아 열심히 매매하고, 하락하는 날에는 한숨만 쉬고 걱정하며 앉아 있는 경우가 있다.

나는 수시로 고객의 계좌를 조회했다. 장이 상승해 바쁜 날에는 장 종료 후 조회를 하고, 장이 하락하는 날에는 장 중에 고객의 잔고와 수익·손실상태·현금보유 여부 등을 파악하고 보유 종목에 호재나 악재가 나오면 실시간으로 연락을 드렸다. 한 종목을 보면 그 종목을 가지고 있는 고객들의 얼굴이 떠올랐다. 좋은 장에서는 누구나 훌륭하고 좋은 영업직원이 될 수 있다. 하지만 하락장에서 좋은 영업직원이 되기란 쉽지 않다. 하락장에서 좋은 영업직원이 되어야 이것이 진정한 프로다. 관리고객 중 과다손실계좌가 발생하면 누구나 고민하게 마련이다. 하지만 지점에 앉아 모니터를 보고 계속 고민해봤자 정작 고객은 그런 사실을 알지 못한다. 영업직원을 원망하거나 심한 경우는 증권회사를 바꾸기도 한다. 반면에 HTS 고객 중 주식을 사고 하한가가 나오자 내게 전화를 한 분이 있었다. 다음날부터 전화를 드려 그 종목에 대한 매일 새로운 뉴스와 주가의 흐름, 매도시점을 말씀드렸다. 그 후 그는 동생을 데리고 지점에 방문했다.

"내가 힘들 때 이만섭 씨가 늘 전화로 상담을 해 주면서 마치 내 곁에서 나를 지켜주는 것 같아 너무 고마웠어요. 제 동생인데 제가 SK증권으로 계좌를 옮기라고 데리고 왔어요."

위기가 내 노력 여하에 따라 복이 될 수도 있음을 경험했다. 입사 당시 종합주가지수가 1,000P, 코스닥 지수가 250P를 상회했는데 2000년 납회 날 종합주가지수 500P, 코스닥 지수 50P로 마감되었다. 이렇게 입사 1년이 숨 가쁘게 지나갔다.

도약의 발판을 찾아서

해가 바뀌었지만 한번 하락한 장은 좀처럼 상승하지 못했다. 개인적으로나 지점으로나 무엇인가 돌파구를 찾아야 했다. 계속되는 하락장 속에 지점은 적자가 누적됐고, 모든 구성원이 힘들어했다. 주식시장은 '천정 3일, 바닥 100일'이라는데 하락장에 대한 대책이 필요했다. 장이 오르면 수익이 나고, 장이 하락하면 손 놓고 손실을 보아야 하는 영업형태로는 분명 한계가 있었다. 하락장에 대한 대안으로 선물/옵션이 생각났다.

대전지점에는 파생상품 투자상담사 자격증을 가진 직원은 나를 포함해 2명 있었다. 영업직원 7명 중 나는 자격증만 있었지 실제 영업은 거의 전무한 상태였다. 사정이 이렇다 보니 지점에 상주하면서 선물/옵션 거래를 하는 사람들은 1명의 직원에 의존했다. 그 직원이 잠시라도 자리를 비울 경우는 속수무책이었다. 그러니 고객만족은커녕 종종 불만이 터져 나왔다. 이런 상태로는 우수한 지점은 고사하고 평균 수준도 되지 못했다. 나는 지점장에게 말씀을 드려 파생상품 투자상담사 자격증이 없는 영업직원들을 대상으로 시험 준비를 시작했다.

선물/옵션은 주식과 개념이 달라 처음에는 접근이 다소 어렵다. 게다가 하루 종일 오르락내리락 하는 장에 시달리고 나면 만사가 귀찮아진다. 그런 환경에서 일주일에 두 번씩 저녁에 모여 하루 3시간씩 공부하는 것은 쉬운 일이 아니었지만 모두가 열심히 했다. 그 결과 5명의 직원이 모두 파생상품 투자상담사 자격증을 취득할 수 있었다.

SK증권 대전지점의 전 영업직원이 파생상품 투자상담사 자격을 갖춘 것이다. 그 후 3명은 투자자산운용사 자격증까지 획득했다. 파생상품 투자상담사 자격증이 없을 경우 투자자산운용사 자격 취득이 어려운 점을 감안하면 정말 기분 좋은 일이었다.

이후, 증권시장에서 점심시간 휴장이 없어졌다. 만약 그때 미리 준비하지 않았다면 점심시간에 직원 식사문제로 여러 가지 불미스럽고 부끄러운 일이 있었을지도 모른다. 영업직원들이 모두 파생상품 자격증을 따고 난 후 나는 조금 더 욕심이 났다. 지점에 근무하는 여직원도 증권투자상담사 자격증이 있다면 우리 지점이 좀 더 나은 서비스를 할 수 있고 경쟁사보다 앞서 나갈 수 있다는 생각이 들었다.

이번에는 지점에 근무하는 여직원 3명과 같이 증권투자상담사 공부를 했다. 낮에 업무에 시달리고난 뒤에도 밤늦게까지 때로는 졸면서 다들 열심히 공부했다. 그리고 3명 모두 합격했다. 이제 업무를 담당하는 여직원도 단순한 주식시세 조회나 주문처리뿐 아니라 상담을 할 수 있는 자격을 갖춘 것이다. 이제는 신규고객의 확보가 문제였다. 파생상품 자격증을 많이 보유하고 있다 할지라도 고객이 없으면 무용지물이었다.

선물/옵션 강좌를 열다

어떻게 고객을 확보할 것인지 궁리를 한 결과 선물/옵션에 관심을 갖고 있는 잠재고객을 모아 교육을 진행하고 그중에서 신규고객을 확보하기로 결론을 내렸다. 계속되는 하락장 속에 많은 사람들이 선물/옵션에 관심을 갖기 시작했고, 실제로 선물/옵션의 거래량과 거래대금이 폭발적으로 증가하면서 파생상품 시장이 급성장하고 있었다.

나는 이러한 생각을 지점장님과 직원들에게 말했다. 취지에 대해서는 전 직원이 공감하면서도 일개 지점에서 장기적인 강좌를 기획하고 실시한다는 것에 대해서 다양한 의견이 나왔다. 하지만 처음부터 쉬운 일이 어디 있겠는가. 특히, 쉬우면서 수익이 된다면 누가 하지 않겠는가. 나는 내 의견을 계속 주장했다. 그 결과 주 2회, 4주 동안 총 8회를 진행하는 선물/옵션 강좌를 개설하고 전단지를 제작하여 경제신문을 통해 홍보를 했다.

최선을 다해 강좌준비를 하며 설레는 마음으로 수강생 마감을 기다렸다. 첫 강좌에 30명 정도의 사람이 모였다. 이후 8회 마감 때까지 지속적으로 30~40명 정도가 강좌에 참여했다. 그중 10명 정도는 실제 선물/옵션투자를 하고 있었고 10명 정도는 강좌마감 후 투자를 계획하고 있었다.

마침내 돌파구를 찾았다. 그렇게 입사 2년차가 지나갔다.

12월 말 본부장님과 면담을 하게 되었는데 지난 11월 오픈을 한 공주지점에 영업직원이 갑자기 퇴사해서 공주가 집인 내가 부득이하게 근무를 해야 할 것 같다고 했다.

2년간 소중하게 관리해온 나의 고객들은 어쩌지 라는 고민을 했으나 공든 탑은 무너지지 않았다. 그 당시 투자클럽에 가입의사를 밝힌 사람들 중 2명은 대전에서 공주로 출퇴근을 하면서 선물/옵션 투자를 했고, 3명은 계좌개설 후 대전에서 HTS로 매매하면서 메신저를 통해 관리했다. 대전의 수많은 증권사를 제쳐두고 1시간 이상을 할애하여 공주에서 매매를 하고 돌아가는 고객을 보면서 진심으로 만난 고객은 반드시 나에게 힘이 되어준다는 사실을 새삼 느꼈다.

동료직원들에게 증권투자상담사와 파생상품 투자상담사 자격취득을 위한 강의와 선물/옵션강좌를 진행하면서 누구보다도 나 자신이 많은 것을 배울 수 있었다. 이 강의가 계기가 되어 2002년 1학기부터는 한밭대학교 경제학부와 경영대학원에서 강의를 하고 있다.

새로운 희망으로
공주에서

2002년 1월 2일 공주지점에 첫 출근을 했다.

공주지점은 개점을 한 후 2개월이 지나가고 있는 중이었다. 의욕적인 지점장님이 신규고객을 많이 확보한 상태였다. 그러나 개점 당시의 영업직원이 2개월 만에 퇴사를 했으니 실질적인 고객관리가 되지 않고 있었다.

증권사 지점을 시골의 농가와 비교하면 지점장은 가장이고, 영업직원은 소, 업무직원은 엄마와 같은 역할을 한다. 가장이 게을러서도 안 되고, 소가 나약하거나 병이 들어도 안 된다. 어머니는 늘 보이는 곳과 보이지 않는 곳에서 열심히 일을 한다.

우리는 토요일에도 쉬는 사람이 없었다. 전 직원이 출근해서 지점을 쓸고 닦고 한 달에 한 번씩 왁스청소를 했다. 월요일부터 고객을 최상의 청결로 맞이하기 위해서였다. 이러한 협업을 통해 우리 스스로 지점을 더욱 사랑할 수 있었다. 매월 말이면 고객에게 수백 통의 우편물을 발송하고 밤 12시에 퇴근했다. 다양한 금융상품 판매와 많은 일들을 우리는 너무나 즐겁고 행복하게 했다.

우리 모두 스스로를 주인이라고 생각하고 자신이 해야 할 일을 찾아서 행동했다.

우리만이 할 수 있는 고객서비스를 하자

신규고객 계좌 개설시 E-mail 주소를 파악하고 매일 아침 8시 30분에 그날의 주식시장 시황과 추천종목을 발송했다. 인터넷과 대중매체를 통해 수없이 많은 정보들이 쏟아져 나오고 있다. 고객이 보기 쉽고 편안하게 읽을 수 있는 시황을 보내 드리려고 노력했다. 하루도 빠지지 않고 보내는 메일을 받던 고객들이 어느새 감사 메일을 보내더니 투자 종목상담을 하기 시작했다.

월 1회 고객세미나

지점 고객들을 대상으로 매월 1회 고객세미나를 개최했다. 주로 시황분석과 전망, 최근 이슈들을 중심으로 진행하고 있으며 지역 내 상장회사들과 협조하여 연계마케팅을 실시했다.

공주에 있는 5개의 상장회사를 초청하여 설명회를 가짐으로써 회사는 기업설명활동(I.R, Investor Relations)의 기회를, 고객은 지역 내 상장회사의 신속하고 정확한 정보를 얻을 수 있었다. 그리고 우리는 기존 고객의 만족도 증대와 지역 내 위치한 상장회사와의 마케팅 접점을 마련하여 해당 회사 직원을 신규고객으로 유치할 수 있었으며 상당수의 자사주를 입고받는 성과를 얻었다. 또한 차별화된 서비스를 통해 고객들로 하여금 역시 SK증권 공주지점은 한 발 앞서간다는 칭찬을 받았다.

물론, 처음 추진할 때는 많은 어려움이 있었다. 상장회사 측에서 지방의 지점이 이런 일들을 기획하고 초청하는 것에 대하여 시큰둥한 모습을 보였지만 성실하고 적극적인 자세로 그들이 얻을 수 있는 이점을 명확하게 제시함으로써 지역 내 상장사 모두가 참석하는 기업설명회가 이루어졌다.

철저한 고객관리

신규계좌개설 고객은 계좌개설 후 지점장과 영업직원, 업무직원이 정기적인 전화통화를 통해 불편한 점이나 건의사항을 접수하고 불편함 없이 거래할 수 있도록 각별히 신경을 쓰고 있다. 또한 고객 입출금이 발생하면 실시간으로 전 직원이 정보를 공유하여 필요한 조치를 취한다. 입금의 경우 주식시장 시황과 종목상담을 하고, 출금의 경우 출금사유에 대한 문의와 조치를 신속하게 함으로써 이탈고객 발생을 최소화했다.

흔히 HTS 고객의 경우 노력 없이 공짜로 생긴 고객으로 생각하고 관리를 소홀히 한다. HTS 고객이 보유한 종목을 파악하여 호재, 악재 주요공시 등 특별한 뉴스가 생기면 즉시 연락하여 조치를 취할 수 있도록 하여 고객의 신뢰를 쌓고, 이렇게 함으로써 하루 종일 주식시장을 볼 수 없는 고객들이 우리를 믿고 생업에 충실하실 수 있도록 노력했다.

정기적인 주식강좌

3월에는 5주 10회의 일정으로 '주식/선물/옵션강좌'를 진행했고 10월에는 주 2회의 일정으로 『고 변호사의 주식강의』를 교재로 강좌를 진행했다. 나는 입사 후 많은 강좌를 통해 신규고객을 만날 수 있었다. 강좌를 통해 만난 고객은 충성도가 높고 수준이 높아 우수고객이 되는 경우가 많다. 또한 고객이 된 사람도 중요하지만, 강좌에 참석하고 아직 고객이 되지 않은 수강생 또한 잠재고객이 되는 것이다.

우리가 열심히 뛴다면 눈 여겨 보는 많은 사람들이 분명히 있을 것이고, 이들도 언젠가 우리의 고객이 될 것이다.

외부영업은 언제 하나요?

최근에 종종 외부영업은 언제, 어떤 식으로 하느냐는 질문을 받는다. 하지만 나는 특별히 따로 외부영업을 하지 않는다. 내가 해오는 여러 가지 일들은 일상에서 자연스럽게 이루어지는 것이지, '오늘은 신규고객을 확보하기 위해 외부로 영업을 나가야지'라고 생각한 적은 없다.

대전지점에 근무할 때 우리의 주거래은행은 J은행 둔산지점이었다. 나는 장 마감 후, 매일 은행에 들렀고 은행직원 4명을 내 고객으로 확보했다. H은행 대전/충청본부 역시 한 명의 고객을 열심히 관리하여 3명의 고객을 추가로 확보했다. 내가 매일 만나는 사람은 고객으로 만들기가 가장 쉽다. 내가 자주 만나는 지인도 나의 고객으로 만들지 못하면서 어디 가서 누구를 찾는단 말인가?

나는 금융전문가인 은행원들이 나의 고객이라는 점을 강조하여 더 많은 고객을 확보할 수 있었다. 공주지점의 주거래은행은 K은행이다. 현재 두 명은 나의 고객이고 두 명의 잠재고객과는 매일 오후에 은행에 들러 자연스럽게 주식시장과 종목에 대해 이야기를 나눈다. 이들도 언젠가 우리 고객이 될 것이다. 내가 지금 살고 있는 아파트는 15층이다. 엘리베이터를 30가구가 이용한다. 이 중 3명은 나의 잠재고객이다.

어떻게 고객을 발굴할 것인가. 주식투자를 하는 사람의 이마에 '주식투자자'라고 쓰여 있다면 그들을 대상으로 마케팅을 하면 좋으련만 실상은 그렇지 못하다. 투자자를 찾는 것은 내가 무슨 일을 하는 사람인지 잠재고객에게 나의 직업을 먼저 알리는 것에서부터 시작된다. 나는 만나는 사람들에게 항상 명함을 건넨다. 택시에서 내리면서, 밥을 먹고 계산할 때, 술집 주인에게, 옷을 사면서, 아이를 데리고 병원에 가서, 엘리베이터 안에서도 물론이다.

지난 3월에 은행을 가다가 담배를 사러 슈퍼에 들렀다. 아주머니가 증권방송을 보고 있었다. 나는 명함을 드리고 인사를 했다. 이후, 담배를 살 일이 있으면 항상 그 슈퍼에 들러 아주머니와 자연스럽게 많은 이야기를 나누었다. 그러나 쉽지가 않았다. 기존에 거래하는 H증권의 담당직원이 하루에도 몇 번씩 통화를 하면서 관리를 잘해주고 있다며 굳이 증권사를 바꿀 마음이 없다고 했다. 그럼에도 나는 매일 담배를 사러 갔다. 자주 들러 주식시황 설명과 상담을 해드렸다. 그렇게 7개월이 흘렀고 나는 점점 지쳐갔다. 경쟁사의 직원이 같은 증권업에 근무하는 입장에서 존경스러워지기 시작했다.

그러던 중, 지난 10월 중순에 아주머니가 우리지점을 찾아와서 계좌를 개설하고 거래를 시작했다. 8개월 만의 개가였다. 나는 깜짝 놀라서 아주머니에게 물었다.

"사모님, 그렇게 말씀드려도 꿈쩍 안 하시더니 어떻게 증권사를 옮기셨어요?"

"급락 후 반등이 나올 때 주식을 팔고 현금으로 가지고 있게 되었을 때가 제일 속상해요."

예전 같았으면 참고 거래를 하셨을 텐데 그동안 늘 보아 오던 우리가 있어 찾아오게 되었다고 한다.

나는 이 일을 통해 두 가지 교훈을 얻었다. 하나는 열 번 찍어 안 넘어가는 나무는 도끼를 갈아 백 번 찍으면 넘어간다는 사실이다. 하지만 더더욱 무서운 교훈은 평소 아무리 잘 관리하고 충성도가 높은 고객이라도 한번 서운하면 차갑게 등을 돌릴 수 있다는 사실이었다.

나는 뒤통수가 서늘했다. 그 후 사모님을 통해 몇 명의 고객을 더 소개받을 수 있었고 사모님은 우리 지점의 우수고객이 되었다.

앞으로의 마케팅 활동 계획

그동안 우리는 지점에서 강좌나 세미나를 직접 기획하여 주관하고 시행했다. 지점은 공간이 협소해서 주로 공주문화원을 대여했다. 그러다 보니 비용과 시간, 노력이 많이 들었고, 증권회사에서 주관하다보니 좁은 지역사회의 특성으로 많은 사람들이 참석하고 싶은데도 망설이거나 참석을 포기하는 경우가 많다.

시청에서는 문화교실을 열고 있으며 대학은 교양강좌를 개설·운영하고 있다.

시청과 대학에서는 한정된 예산으로 지역주민들에게 높은 수준의 다양한 프로그램을 편성하느라 애로가 많다. 시청과 대학관계자와 접촉하여 '재테크나 주식강좌'를 개설해 줄 것을 협의하고 개설한다면 우리가 프로그램을 맡아 운영하도록 추진할 계획이다. 지역주민은 다양한 금융정보와 주식강좌를 들을 수 있고, 시청과 대학은 저비용으로 다양한 프로그램 추진이 가능해진다. 우리는 비용을 최소화하면서 공신력 높은 교육기관과 관공서가 주최하는 행사에서 수많은 잠재고객을 만날 수 있게 될 것이다.

현재 시행하고 있는 E-mail 시황서비스는 아침에 받게 된다. 이에 추가하여 오후와 야간에 지점 내 HTS 고객을 대상으로 보유 종목에 대한 기술적 분석 및 투자 상담을 E-mail로 보내드릴 계획이다. 이렇게 되면 고객의 입장에서는 우리가 보내드리는 시황서비스로 아침을 시작하고 야간에는 정기적으로 E-mail을 통해 보유 종목에 대한 상담서비스를 받게 되는 것이니 우리 SK증권 공주지점이 고객의 성공적인 주식투자에 진정한 동반자가 될 수 있을 것이다. 지금은 E-mail 서비스를 넘어서 네이버에 'leestock' 이라는 주식카페를 운영하면서 수많은 사람들과 함께 하고 있다.

내가 천국을 만들자

많은 사람들이 천국에서 살기를 원한다.

사람은 누구나 개인별로 보면 선하다. 그런데 우리가 살고 있는 이 사회는 천국이 아니다. 내가 사는 곳을 천국으로 만들려는 노력이 부족한 것은 아닐까?

서울에서 워크숍이 있었다.

16개의 지점이 신규 오픈한 시점에서 하는 워크숍이기에 많은 기대를 가지고 참석했는데 현실은 가슴이 아팠다. 우리가 개점 초기에 겪었던 어려움으로 많은 사람들이 업무를 부정적으로 생각하고 있었다.

"지점장이 열심히 안 하는데 영업직원만 열심히 해서는 소용이 없다."

"지점장은 열심히 하는데 직원이 태만하다."

지점장들과 많은 대화를 나누었다. 그리고 그동안 우리가 실행하고 경험했던 일들을 회사게시판에 올렸다. 반향이 꽤 컸다. 굳이 전 직원이 보는 회사게시판에 올리는 방식을 택했던 것은 솔직히 동료들에게 경종을 울리고자 한 점도 있었고, 큰 소리 쳐놓으면 우리가 좀 더 열심히 뛸 수 있는 동기가 될 것이라는 생각도 있었다. 공주지점 역시 지난 4월부터 하락하는 장세 속에 지치고 있던 터라 스스로를 추스르고 다시 한번 열심히 뛰자는 내부결의와 각오가 있었다.

나 자신이 최고의 경쟁력을 가져야 우리 지점이 최고의 지점이 될 수 있고, 전 지점이 최고의 지점이 된다면 우리 회사는 당연히 국내 최고의 증권사가 될 수 있다. 내가 최고의 증권사에 근무하기를 희망하기보다는 내가 근무하는 회사를 최고의 회사로 만들려는 노력이 중요하다.

99년 내가 들고 찾아간 '둔산 지역 내 증권회사별 경쟁력 비교 및 SK증권의 대응방안에 대한 보고'와 당시 세웠던 영업계획서를 다시 꺼내 보았다. 그곳에 나의 각오가 있었다. '인류역사는 불가능하다고 포기하는 자가 아니라 그 불가능과 부단히 싸워 이긴 사람들에 의해 발전되었으며 그 승리자는 언제나 세상과 역사의 중심에 우뚝 섰다.'

입사 후 3년 동안 동료들과의 증권, 파생상품 투자상담사자격증

수험준비, 고객들과의 주식강좌/세미나 고객과의 만남 등으로 절반 이상을 밤 10시가 넘어서 퇴근했지만 가장 많이 배우고 얻은 사람은 정작 나 자신이었다.

SK증권이 국내 최고의 증권사라는 거대하고 단단한 난공불락의 성이 되는 데 기여하고 싶다. 나의 목표는 SK증권이 국내 최고의 증권사라는 거대한 성을 이룩하는 데 1,000개의 튼튼한 돌을 쌓는 것이다. 그리고 오늘 나는 그 백 번째 돌을 얹는다.

창립 50주년이 넘는 SK증권에서 그동안 SUPEX 추구사례와 시상은 많았지만 개인이 최우수상을 받은 것은 내가 처음이었다. 매년 심사에서 우수상이나 장려상 수상자는 나왔지만 최우수상은 한 번도 나오지 않았다. 이를 두고 사내에서는 최우수상의 상금이 너무 많기 때문에 엄격한 심사 기준을 설정해서 수상이 불가능하게 해놓고는 괜히 생색만 낸다는 말들이 돌았다. 그러던 차에 애송이가 최우수상 수상자가 되었다.

상을 받으러 서울 여의도 SK증권 본사에 갔을 때 사장님은 "이만섭 주임의 'SUPEX 추구' 수기를 전 직원이 읽고 배우도록 하라."고 지시했다. 참 영광스러운 일이었다. 내가 나 자신만을 위해서 산 것이 아니라 직장동료, 고객들과 함께 살려고 노력하는 모습이 인정을 받지 않았나? 라는 생각이 든다.

SUPEX 최우수상 상패*

---

* 'SUPEX'는 'Super Excellent'의 약자로 '사람이 추구하여 다다를 수 있는 최고의 경지'를 뜻하는 SK그룹이 추구하는 정신이다. SK그룹에서는 매년 연말에 한 해 동안 업적이 뛰어난 사람들의 SUPEX 추구사례를 심사하여 시상을 한다.

고해성사

2002년 5월 5일 오전 산부인과 회복실에 이제 막 태어난 갓난아기가 누워 있고 그 앞에 아이의 아빠가 멍하니 앉아 있다. 아기는 이제 막 세상에 나온 지 10여 분이 되었고, 산모는 아직 분만실에서 회복실로 오지 않았다. 아빠는 아이를 빤히 쳐다보더니 곧 물을 흘린다. 조용히 흐르던 눈물이 점차 흐느낌으로 변하더니 소리 내어 운다. 잠시 후 산모가 들어오자 아이의 아빠는 재빨리 눈물을 닦고 벽에 등을 기댄다.

지난 2년여의 시간이 영화 속의 한 장면처럼 머릿속을 빠르게 스쳐 지나갔다.

아! 내가 너무 멀리 나왔구나…. 대학 때 친구들과 바닷가에 놀러 가 수영을 하다 너무 멀리 나갔다가 고생하며 돌아온 적이 있었는데, 나는 이미 그때 돌아올 수 없을 만큼 멀찍이 나가 있었다.

서른의 나이로 증권회사에 입사한 나는 누구보다 열심히 일했다. 그 무렵 주식시장은 천정을 찍고 무섭게 하락했다. 장이 급락했고 모두가 힘들었다. 지점 영업실적은 흑자에서 적자로 돌아섰고 모두가 고통의 시간을 보냈다. 나는 모두가 힘들어 할 때 신입직원인 내가 누구보다 열심히 일해야 한다고 생각하고 정말 용감하게 일했다. 하지만 급락장에 누구보다 열심히 일한 나에게는 남는 건 결국 회복하기 힘든 큰 상처만 남았다.

주식투자를 하는 고객 중에는 좋은 분들이 많지만 그중에는 신참 직원을 골탕 먹이는 분도 간혹 있다.

"이 주식 좋으니 사보세요!"

"이 주임이 책임질 수 있어?"

"예! 사모님! 이 주식은 좋으니 안심하고 사셔도 됩니다."

"그래, 그럼 이 주임 믿고 사니까 나중에 손해나면 책임져!"

"네! 알겠습니다."

이런 식의 거래가 몇 번 있다 보면 손해를 보는 경우가 있는데 나에게 손해배상을 요구해서 나는 몇천 만원을 고스란히 물어주었다. 여러모로 어수룩했던 나와 그런 신입직원의 어수룩함을 놓치지 않고 헤집고 들어온 사모님들. 그들은 모두 경제적으로 여유가 있는 부자들이었다. 불법을 저지른 것도 아니었고 고객의 동의와 의견대로 매매를 한 것임으로 법적인 문제나 책임이 없는 일이었지만 내가 한 말에 도의적 책임을 져야 한다고 생각했다. 그 무렵 이런 일은 나뿐 아니라 증권회사 직원치고 한두 번 겪지 않은 사람이 없을 정도로 흔한 일이었다.

이런 일들을 몇 번 겪으면서 증권회사 입사 전에 주식투자로 벌어 놓은 얼마 되지 않던 나의 자산은 곧 바닥났다.

하락장에 살아남으려면 어떻게 해야 할까? 나는 그 답을 옵션거래에서 찾으려고 했다. 그 당시는 선물과 옵션에 대해 다들 잘 알지도 못할 때였다. 나 역시 선물/옵션 자격증은 땄지만 실전매매 경험은 거의 없는 햇병아리였다.

무모하게 달려든 옵션투자, 그 결과는 혹독했다. 불과 1년 반 만에 수억의 빚을 지게 되었다. 이번에 제대로 한방 터지면 된다는 생각으로 죽을 힘을 다해 달려들었지만 번번이 차는 깡통, 깡통, 깡통.

'무식하면 용감하다'고, 1분 1초를 항상 초긴장 상태로 매매에 전념해도 이기기 힘든 옵션거래를 고객관리하고 상담하고 업무처리하면서 뛰어들었었다. 옵션거래를 마치 주식투자하듯이 매매를 했다. 그 와중에 봉사 문고리 잡듯 하루에 400% 수익도 내보고, 4주간 벌어지는 선물/옵션 투자수익률게임에 참가해서 3주까지 1~2위도 해봤지만 결국 전부이거나 제로(All or Nothing)인 옵션거래는 한 번만 실수를 해도 여지없이 나에게 깡통을 안겨주었다.

이때 난 여러 가지로 중대한 기로에 서야 했다. 증권회사에 계속 다니기는 해야겠는데 5억 정도의 빚을 짊어지고 직장생활을 하기란 참 힘겨웠다. 이제 막 세상에 태어난 둘째 아이의 아빠가 되어야 하는데 용기가 나지 않았다. 솔직히 세상이 무서웠다. 답이, 해결책이 없었다.

과연 내가 버틸 수 있을까. 언제까지 버텨낼 수 있을까. 쓰러져서 못 일어나는 것은 아닐까. 이렇게 내 인생을 비극으로 끝내야 하는가. 아무것도 모르는 집사람과 가족들에게는 어떻게 말하지. 얼마나 걱정할까. 얼마나 슬프고 속이 상할까. 나는 왜 이리도 엄청난 일을 저지른 것일까. 돌이켜보면 정말 열심히 뛴 죄밖에 없는 것 같은데 현실에 닥쳐오는 문제는 어느 것 하나 쉬운 것이 없었다.

"여기서 포기할래, 아니면 죽기 아니면 살기로 뛰어 볼래?"

남들보다 몇 배를 벌어야 이자를 내고 겨우 생활할 수 있는 상황이었기에 내게는 선택의 여지가 없었다. 열심히 뛰어야 했다. 열심히 공부하고, 열심히 고객관리하고, 열심히, 열심히, 열심히 뛰어야 했다. 뛰다가 멈추면 죽을 수밖에 없는 상황이었다. 죽지 않기 위해, 살아남기 위해 죽을힘을 다해 뛰었다.

이 무렵, 신앙 생활을 하지 않던 아내가 성당에 나갔다. 아마도 나를 더 믿을 수 없어서 신에게 의탁하는 듯싶었다. 1년 후 나는 아내를 따라 성당에 나갔다. 신에게 따져 묻고 싶었다.

“아니 하느님! 제가 무슨 죽을 죄를 지었다고 이런 엄청난 시련을 주십니까?”

조금 무모하게 욕심을 내어 시장에 달려든 죄에 비해 너무 엄청난 시련을 주신 하느님이 한없이 원망스러웠다. 그 원망스런 상황들이 나의 마음을 지탱하는 힘으로 돌아왔다. 마음을 편안하게 하는 말을 되새기며 마음을 다졌다.

“썰물이 있으면 반드시 밀물이 있다. 나는 그때 배를 밀고 바다로 나아가리라.”

“신은 인간에게 극복할 수 있는 시련만 준다.”

어렵고 힘들 때마다 이 말을 수없이 되뇌었다.

5억 정도 되는 빚을 다 갚는 데는 3년 정도의 시간이 걸렸다. 짧은 시간에 쫄딱 망했고 또 무섭게 벌어 빚을 갚아 나갔다. 대추나무에 연 걸리듯 걸린 빚을 하나하나 매달 갚았다. 줄어드는 빚을 보면서 희열을 느꼈다. 돈을 모으는 재미도 크겠지만 빚을 갚는 재미도 그만큼 아니 그보다 훨씬 컸다. 빚을 많이 져 본 사람은 안다. 빚이 없다는 사실이 얼마나 행복한지. 인생이 얼마나 아름다울 수 있는지.

내가 쫄딱 망할 무렵 비슷한 시기에 옵션투자를 하신 분들 역시 많이 망했다. 그중에서 나만큼이나 힘든 사람이 두 명 있었다. 한 사람은 이미 IMF 때 여러 사람에게 보증을 섰다가 몇억의 빚을 지고 있으면서 마지막 승부를 위해 옵션시장에 투자를 했고, 한 사람은 전문직 종사자로 직원만 5~6명 정도 두고 있었는데 주식거래를 하다가 옵션거래를 하면서 쫄딱 망했다.

나는 열심히 벌어 내 빚을 갚아가면서 두 분을 도왔다. 한 분은 이자만 몇백만 원이 나갔고 다른 한 분은 있는 돈 없는 돈 다 옵션에 투자하고 큰 빚까지 져 직원들 월급도 못 주고 피해다니는 실정이었다. 이자 내고 최소한의 생활비는 있어야 가족들 밥은 굶지 않고, 몇 달씩 밀린 직원들 월급은 주어야 직원들도 살 것 아닌가? 나도 힘들지만 그분들 역시 나만큼이나 힘들었다.

솔직히 그 당시에는 누구를 도와드린다는 생각이 아니라 똑같이 목숨을 걸고 혹독한 전투를 치룬 전우라는 느낌이었다. 그 전투에서 살아남은 자가 죽은 자와 중상자와 그 가족들을 보살피는 것이 너무도 당연한 일이라고 생각했다.

그때는 힘들고 한없이 원망스러운 일들이 많았지만 지금은 온통 감사한 일뿐이다.

나는 그 일로 하느님을 알게 되었다.

아내와 내가 성당에 나가고 두 아이도 세례를 받아 우리는 성(聖)가정을 이루었다. 나 잘난 맛에 살던 내가 나약해질 대로 나약해지자 신을 찾게 되었고 하느님을 믿으면서 마음의 평화와 안식을 얻을 수 있었다. 그렇게 나는 포기하지 않고 용기를 내어 어려운 수렁에서 빠져 나올 수 있었다.

　나는 종교가 없는 사람을 만나면 이제는 꼭 신앙을 가지라고 권한다. 특히 투자를 하는 사람은 마음의 평정을 유지하는 것이 가장 중요하다. 만약 그때 내가 처절한 실패를 맛보고 나락으로 떨어져 보지 않았다면 지금쯤 한없이 오만한 사람이 되었을 것이다. 오히려 젊은 시절에 쓰디쓴 실패를 맛본 것이 지금은 한없이 고맙고 감사하다.

　지금은 마음이 편안한 투자를 하고 있다. 주식도 길게 보고 투자한다. 선물도 즐기면서 한다. 옵션은 1년에 4번, 분기 만기일에만 한다. 몇 년 전에는 운 좋게도 두 시간 만에 75배의 수익도 냈다. 선물/옵션거래에서 최대의 수익을 낸 날이었다. 그런데 지금도 여전히 옵션은 힘들다. 아니 두렵다. 한 순간, 단 한 번의 판단으로 모든 것을 잃을 수 있기 때문이다.

　2007년 주식투자 수익률게임 대회에서 1등도 했다. 여기서 말하는 것은 내가 직접 투자하는 것이 아니라 내가 관리해드리는 고객의 투자를 말하는 것이다. 나는 뜨거운 맛을 보고 난 후 증권회사 직원의 본분으로 돌아와 개인적으로는 펀드 등 간접투자를 한다.

　앞으로 나에게 또 어떤 일이 벌어질지 모른다. 이것은 나뿐만 아니라 이 세상을 살아가는 모든 사람들의 공통된 명제이다. '항상 겸손한 마음으로 욕심 내지 않고 범사에 감사하며 즐겁고 올바르게

살아가는 것이 가장 중요한 것이 아닐까?'

이 글을 쓰기 위해 예전에 아내와 써 놓았던 치부책을 꺼내 보았다. 아내가 깜짝 놀라며 묻는다.

"왜? 또 사고를 치려고!"

지금 안방에서는 중학교 2학년인 큰딸과 태어나마자마 나를 울린 작은딸이 잠을 자고 있다. 이제 작은아이가 초등학교 4학년이다.

"얘들아 아빠 쓰러지지 않고 여기까지 뛰어왔다. 부끄럽지 않을 아빠가 될게. 너희들에게 약속하마, 사랑한다!"

혹시, 지금 이 글을 읽는 독자님 중에 투자실패나 경제적인 어려움으로 벼랑 끝에 몰렸거나 힘든 시간을 보내는 분이 있다면 위로와 응원의 말씀을 드리고 싶다.

"용기를 가지세요. 신은 우리가 극복할 수 있는 시련만 주신답니다. 썰물이 있으면 반드시 밀물이 있습니다. 꼭 그때를 기다려 힘차게 바다로 나아가세요! 그 어떤 시련이 닥쳐와도 꿋꿋이 견뎌내고 싸워나가면 반드시 이겨낼 수 있습니다."

살면서
가장 보람되고 행복한 때

아내가 성당에 나가 예비자 교리를 마치고 세례를 받았다. 믿었던 남편이 큰 실망을 시키고 큰 빚을 지게 되자 고달픈 현실을 이기고자 신앙을 택한 것 같았다. 아내가 세례를 받고 나서 나도 성당에 나갔다. 35년간 신앙 없이 살던 내가 성당에 나간다는 사실 자체만으로 놀라운 일이었다. '왜 일요일에 쉬지 않고 성당이나 교회나 절에 갈까? 참 이상한 사람들이다.'라고 생각했던 내가 스스로 성당에 나가게 될 줄이야, 역시 세상은 끝까지 살아봐야 안다. 중간에 어찌될지는 아무도 모를 일이다.

예비자 교리를 함께 받는 사람은 10명 정도였다. 다른 종교를 믿다가 성당에 온 부부 교사, 자녀 문제로 힘들어 하다 온 사람, 경제적으로 어려워 생활고를 겪는 사람, 오랜 세월 신앙 없이 살다가 중년이 되어서 늦게 신앙생활을 시작하는 사람들이 모여 예비자 교리를 마치고 세례를 받았다. 예비자 교리와 세례를 함께 받은 ‘세례동기’들과 1주일에 한 번씩 기도 모임 활동을 했다.

레지오 모임은 너무도 잘 되었다. 두 분의 훌륭한 신앙 선배가 이끌어주고 이제 막 세례를 받은 신참내기 8명이 한 가족처럼 지냈다. 일주일 동안 열심히 일하고 금요일 저녁에 미사를 드렸다. 레지오를 마치고 함께 마시는 맥주 한잔은 1주일간의 피로를 씻고 회포를 푸는 가장 행복한 시간이었다.

레지오 모임에는 생선가게를 하는 부부가 있었다. 아내는 결혼하고 나서 오랫동안 냉담하다 뒤늦게 남편이 세례를 받자 함께 성당에 나왔다.

아내인 헬레나 자매님은 인생에서 요즘이 가장 행복하다고 했다. 남편 스테파노 님은 워낙 성격이 서글서글하고 당구, 바둑, 장기, 마작 등 잡기에 능하고 술을 아주 좋아해서 헬레나 자매님의 속을 많이 끓였다고 한다. 그러나 나이가 들고 경제적으로 안정을 찾자 다시 신앙생활을 하기 시작했다. 그들 부부는 금요일과 주말이면 가장 아름다운 옷을 입고 다정하게 손잡고 성당에 나란히 앉아 미사를 드렸다.

레지오 생활을 하면서 성당활동의 재미에 푹 빠져 지내던 2007년 7월 7일 오후, 스테파노 형님이 갑작스런 사고로 돌아가셨다. 지난 3년간 매주 만나 함께 생활하고 식사를 했던 스테파노 님, 장비처럼 건장하고 단단했던 분이 그렇게 허무하게 우리 곁을 떠나갔다. 장례를 치르는 3일 내내 많이 울었다. 함께 세례를 받고 레지오 생활을 한 형제자매님들이 3일 내내 눈물을 흘리며 연도를 바쳐드렸다.

30년 동안 고생하시다 이제야 겨우 행복을 알아가던 중이었는데 두 분이 이렇게 짧은 행복을 누리고 헤어지게 되어 너무도 가슴이 아팠다. 항상 웃는 얼굴로 요즘이 인생에서 가장 행복하다고 하던 부부였는데 헬레나 자매님을 어떻게 위로해 드려야 할지 몰랐다. 스테파노 님이 돌아가셨다는 사실이 믿어지지 않았다.

장례미사를 마치고 나니 스테파노 님의 빈자리가 무섭게 다가왔다.

생선가게를 운영하기 위해 스테파노 님이 하던 일까지 헬레나 자매님 혼자서 해야 했다. 그러나 자매님은 냉동탑차를 운전하지도 못했고 어떤 거래처에서 어떤 물건을 사야 하는지도 몰랐다. 고등학교와 중학교에 다니는 두 딸을 공부시켜야 하니 이대로 일을 접을 수도 없었다.

레지오 모임에서 헬레나 자매님을 도와드리기로 했다. 스테파노 님이 술을 많이 한 날에는 내가 대전까지 몇 번 운전을 한 적이 있었고, 때로는 시장에 들어가서 장을 보았기에 대략 어디서 어떤 물건을 사는지 알고 있었다.

　캄캄한 토요일 새벽에 헬레나 자매님을 옆에 태우고 트럭을 운전하고 가면서 도대체 어떤 말로 위로해 드려야 하나 고민했다. 어떤 말로도 위로가 될 수 없는 상황이었다. 대전 오정동 수산물시장에 도착해서 여기저기 거래처를 찾아다니며 겨우 물건을 구입하고 돌아왔다. 생선을 냉동창고에 넣고 함께 해장국을 먹었다. 당분간 냉동식품류는 토요일에 냉동탑차로 가득 실어오고, 주 중에는 헬레나 자매님이 자가용으로 냉장식품이나 생물을 구입하기로 했다.

　금요일 레지오를 마치고 맥주 한 잔 마시고 늦은 시간에 잠자리에 들면서 나는 기도를 드린다.

　'주님! 제가 내일 새벽에 맑은 정신으로 일어나 헬레나 자매님과 농수산시장에 무사히 잘 다녀올 수 있도록 보살펴 주세요!'

　한겨울 새벽 4~5시는 온 세상이 꽁꽁 언 캄캄한 밤이다. 나는 혹시나 헬레나 자매님이 미안해 할까 봐 늘 일찍 일어나 세수하고 항상 먼저 트럭이 있는 곳에 가서 기다렸다. 헬레나 자매님이 내려오시고 우리는 칠흑같이 어두운 새벽에 아무도 다니지 않는 도로를 엉금엉금 기어 대전으로 향했다. 여러 곳을 들러 각종 생선과 어패류를 냉동탑차에 가득 싣고 다시 공주로 돌아올 때면 그제야 날이 밝기 시작한다.

　냉동탑차에 실린 물건을 냉동창고로 옮기고 나면 땀이 흠뻑 난다. 헬레나 자매님이 고맙다며 굴이나 해삼, 멍게 등을 챙겨준다.

헬레나 자매님을 모셔다 드리고 집으로 돌아올 때가 지금까지 살아온 내 인생에서 가장 행복한 순간이었다.

땅을 걷는 게 아니라 구름 위를 걷는 기분이 이럴까? 집에 와서 헬레나 자매님이 준 선물을 가족들과 함께 아침으로 먹는다.

이렇게 나의 토요일이 시작된다. 일주일 내내 회사와 학교에서 밤늦게까지 일하고 금요일에는 성당 식구들과 술 한잔 하고 토요일 꼭두새벽에 눈 비비고 일어나 새벽시장에 가는 일이 참 힘들 것 같지만 나는 그때만큼 나 자신을 가치 있게 느껴본 적이 없었다. 새로운 느낌이었다. 내가 누군가 다른 사람에게 도움이 될 수 있다는 사실이 이리도 가슴 뛰고 행복한 일이었음을 그때 비로소 처음 알았다.

두 분이 하시던 일을 헬레나 자매님은 혼자서 했다. 새벽시장을 보고, 생선을 손질했다. 배달도 직접 했고, 가게를 찾아온 손님을 맞으면서 정말 열심히 살았다. 하지만 두 분이 하실 때보다 점차 손님이 줄었다. 혼자 하기에는 아무래도 힘에 많이 부쳤다. 헬레나 자매님은 오랫동안 하던 생선가게를 정리하고 지금은 다른 일을 한다. 고등학교에 다니던 큰딸은 대학을 마쳤고, 중학생이던 작은딸은 고등학교 3학년이 되었다. 갑자기 가장이 떠난 자리에 굳센 여장부가 되어 가정을 잘 지켜오고 있는 헬레나 자매님과 착하고 예쁘게 자라 어여쁜 숙녀가 된 두 따님을 위해 나는 오늘도 기도를 드린다.

　매년 11월 위령성월이나 12월 26일 스테파노 축일에 우리 세례 동기들과 레지오 단원은 스테파노 형제님 묘지에 가서 연도를 드리고 잔을 올린다. 생전에 좋아했던 술이니 하늘나라에서 기뻐하시리라. 이 글을 쓰는 지금도 왜 이리 눈물이 나는지. 사랑하는 스테파노 형님, 하늘나라에서 다시 만날 때까지 평안히 잘 지내세요. 사랑합니다. 너무도 보고 싶습니다.

| 글을 마치며 |

어느덧 증권회사에 근무한 지 13년, 대학에서 강의를 한 지 11년이 되어간다. 그동안 회사에서는 성실하고 실적이 뛰어난 우수한 직원으로, 학교에서는 인기 좋은 교수로 남 보기에 번듯한 삶을 살았지만 나에게는 누구에게도 말하지 못했던 아픈 과거가 있다.

증권회사 입사 후 얼마 되지 않아 한순간의 욕심과 실수로 5억이 넘는 큰 빚을 지게 되었다. 이후 빚을 갚기 위해 3년여의 시간을 거의 하루에 두세 시간만 자면서 공부했다. 수많은 책을 보고 끊임없이 주식시장과 주가, 차트를 공부했다. 바닥으로 떨어지는 것은 순간이었지만 다시 정상으로 되돌아오기까지는 오랜 시간과 많은 땀이 필요했다.

지금 이 순간에도 10년 전의 나처럼 아무것도 모르는 순진한 사

람들이 무서운 투자의 세계에 뛰어들고 있고 그중 대다수의 사람들
이 회복 불가능할 정도로 큰 손실을 본다. 투자의 세계는 냉혹하리
만큼 무섭다. 초보자라고 개인투자자라고 봐주지 않는다. 오히려 약한
사람은 잠시도 살아남지 못하는 정글과도 같은 곳이 투자의 세계다.

　가벼운 마음으로 시작했던 투자가 한 사람의 일생을 망치고 가정
을 파괴한다. 멀쩡했던 사람이 한순간의 투자실패로 폐인이 되는
경우도 있다. 그만큼 돈은 우리 삶에 있어 떼려야 뗄 수 없을 만큼
중요하고 무서운 존재다.

　우리는 세상을 살면서 투자를 체계적으로 배우고 올바르게 투자
해서 풍요롭고 넉넉하게 살아야 한다. 그러나 안타깝게도 현실은
그렇지 않다. 오랫동안 학교에서 많은 것을 배우고 열심히 공부하
지만 정작 '투자'를 배울 기회는 거의 없다. 사회생활을 하면서 동

료나 주위사람들에게 어깨너머로 대충 듣고 배우는 것이 전부이다.

귀동냥으로 얻은 정보나 남의 말을 듣고 운 좋게 한두 번 투자에 성공할 수는 있겠지만 그 운이 계속되지 못하고 언젠가는 값비싼 수업료를 지불하게 되어 있다.

세상은 점점 더 투자를 하기 쉽게 변하고 있다. 내가 어디에 있든 스마트폰만 있으면 때와 장소를 가리지 않고 투자를 할 수 있다. 그러나 이러한 투자환경은 많은 사람들에게 약이 되기보다는 오히려 독이 되고 있다.

투자를 공부하기 위해 서점에 들러보면 '단기매매로 얼마를 벌었다. 주식투자에 성공하기 위해서는 이 분석법, 이 매매법만 배우면 된다.'는 식의 책들이 대부분이다. 투기가 아니라 건전한 투자에 대해서 배울 수 있는 책을 만나기란 쉽지 않다. 투자의 본질보다 단기간에 수익을 낼 수 있는 방법을 강조하고 투자자 역시 오늘 투자해서 다음 주, 다음 달에 수익을 내려고 한다. 모든 사람들이 빨리, 쉽게 더 많은 돈을 벌고 싶어 한다.

주식·펀드·선물·옵션시장에서 13년 동안 산전·수전·공중전을 다 치르고 나서 보니 투자에서 가장 중요한 것은 단순한 투자기법이나 기교가 아닌 내 마음을 관리하는 것이었다. 마음의 평정심이 깨지고 조바심이나 불안, 공포, 욕심이 드는 순간 투자는 실패로 끝난다. 아무리 좋은 투자기법들과 전략이 있다고 해도 내 마음을 다스리지 못하면 그림의 떡이라는 사실을 깨달았다.

오늘도 실패를 만회하고자, 성공적인 주식투자를 하고자 열심히 정보를 뒤지고 비법을 찾아 헤매는 많은 사람들에게 말해주고 싶다. 성공투자는 이미 내 안에 다 있다고.

부모는 자녀들이 잘 되게 하기 위해 수십 년간 학교와 학원에 보내고, 과외공부를 시킨다. 초등학교에서 대학을 마칠 때까지 아이는 새벽부터 밤늦게까지 힘들게 공부를 한다. 자식이 좋은 직장을 잡고, 좋은 배우자를 만나 잘 살기를 바라는 마음에서 힘든 줄 모르고 아이들에게 투자를 한다. 하지만 어찌된 일인지 살면서 정말 중요한 '투자'는 가르쳐 주려 하지 않는다. 값비싼 대가를 치르고 배운 소중한 투자에 대한 지혜는 자녀에게 물려주려고 하지 않는다.

오늘 오전에 모 고등학교 전교생을 대상으로 특강을 하러 간다. 젊은이들에게 꿈과 희망 그리고 올바른 투자와 행복과 나눔에 대해서 말해주고 싶다. 우리 젊은이들이 더 이상 부모나 선배들처럼 투자실패로 고통받지 않고 행복한 삶을 살았으면 좋겠다.

이 책은 긴 안목으로, 투기가 아닌 진정한 투자로 노후에 풍요롭고 넉넉한 생활을 하기를 바라는 마음에서 쓴 글이다. 올바른 투자와 행복 그리고 나눔에 대해서 말했다. 많은 사람들이 투자실패로 고통받지 않고 행복한 삶을 살아가는 데 도움이 되었으면 좋겠다.

대학교 1학년 첫 미팅에서 만나 10년간 멋없는 남자와 재미없는 연애를 하고 결혼해서 15년간 여러 번 천당과 지옥을 오가는 남편을 묵묵히 지켜보느라 마음고생을 한 사랑하는 아내 임경숙님에게 이 책을 바친다.

2012년 2월 15일